Der Einspruch im Steuerrecht

Sylvia Meier · Ute Rakowski

Der Einspruch im Steuerrecht

Grundlagen und Praxis

3. Auflage

Sylvia Meier
Freiburg, Deutschland

Ute Rakowski
München, Deutschland

ISBN 978-3-658-27021-6   ISBN 978-3-658-27022-3   (eBook)
https://doi.org/10.1007/978-3-658-27022-3

Die Deutsche Nationalbibliothek verzeichnet diese Publikation in der Deutschen Nationalbibliografie; detaillierte bibliografische Daten sind im Internet über http://dnb.d-nb.de abrufbar.

Springer Gabler
© Springer Fachmedien Wiesbaden GmbH, ein Teil von Springer Nature 2012, 2014, 2019

Springer Gabler ist ein Imprint der eingetragenen Gesellschaft Springer Fachmedien Wiesbaden GmbH und ist ein Teil von Springer Nature.
Die Anschrift der Gesellschaft ist: Abraham-Lincoln-Str. 46, 65189 Wiesbaden, Germany

Vorwort

Die Arbeitsbelastung bei den Veranlagungsbezirken in den Finanzämtern ist hoch. Das macht sich auch dadurch bemerkbar, dass viele Steuerbürger nach der Abgabe der Steuererklärung wochenlang auf einen Steuerbescheid warten müssen. Wartezeiten von acht Wochen oder länger sind keine Seltenheit. Vor allem, wenn eine Steuererstattung erwartet wird, kann es vielen nicht schnell genug gehen. Doch wenn der Bescheid dann endlich im Briefkasten landet und die Steuererstattung viel geringer ist als erwartet – oder in einem anderen Fall eine wesentlich höhere Steuernachzahlung festgesetzt wurde, als erwartet, dann stellt sich die Frage: Was ist passiert?

Das Steuerrecht in Deutschland ist komplex. Sehr häufig wird ein Sachverhalt von Steuerbürger und Finanzamt unterschiedlich beurteilt. Und auch Fehler können auf beiden Seiten schnell passieren. Ein Zahlendreher in der Steuererklärung oder vergessene Belege fallen häufig erst später auf. Damit jedoch Fehler nicht bestehen bleiben, gibt es den Einspruch, auch Rechtsbehelf genannt. Mit dem Einspruch soll ein außergerichtlicher Rechtsschutz gewährleistet werden.

Wie wichtig dieses Instrument zur Fehlerbeseitigung ist, belegt auch die Statistik des Bundesministeriums der Finanzen zur Einspruchsbearbeitung 2017. Danach sind rund 64 % der Einsprüche erfolgreich. Damit jedoch ein Einspruch erfolgreich sein kann, sollte man die Grundlagen des Verfahrens kennen.

In diesem Buch werden deshalb die wichtigsten Verfahrensgrundsätze kompakt dargestellt. Das Buch soll nicht als tief greifender Kommentar verstanden werden – hierfür gibt es zahlreiche andere empfehlenswerte Werke. Wir wollen Ihnen einen praxisnahen Einblick in das Thema geben, ohne zu tief auf spezielle Einzelfälle einzugehen. Abgerundet wird das Werk mit Arbeitshilfen und Checklisten, die Ihnen die ersten Schritte bei einem Einspruchsverfahren erleichtern sollen. Das ist jedoch lediglich als Hilfestellung zu verstehen.

Wir wünschen Ihnen bei mit diesem Buch viel Freude. Und falls bei Ihnen nach der Lektüre noch Fragen offenbleiben, freuen wir uns auf eine Nachricht an: dereinspruch@gmx.de.

Freiburg
München
Juni 2019

Sylvia Meier
Ute Rakowski

Inhaltsverzeichnis

Abkürzungsverzeichnis

aaO	am angegebenen Ort
AO	Abgabenordnung
AEAO	Anwendungserlass zur Abgabenordnung
AdV	Aussetzung bzw. Aufhebung der Vollziehung
BVerfG	Bundesverfassungsgericht
BFH	Bundesfinanzhof
D. h.	Das heißt
EE	Einspruchsentscheidung
EF	Einspruchsführer
ESt	Einkommensteuer
EuGH	Europäischer Gerichtshof
EuGMR	Europäischer Gerichtshof für Menschenrechte
FG	Finanzgericht
gem.	Gemäß
i. H. v.	in Höhe von
i. S. d.	im Sinne des
i. V. m.	in Verbindung mit
sog.	sogenannten
Rbf	Rechtsbehelf
u. a.	unter anderem
VwA	Verwaltungsakt
z. B.	zum Beispiel

Viele denken bei dem Wort Einspruch unwillkürlich an einen Steuerbescheid. Das ist auch nicht verwunderlich, schließlich hat fast jeder schon einmal in seinem Leben einen Steuerbescheid in den Händen gehalten und vielleicht musste der ein oder andere dabei feststellen, dass der Steuerbescheid fehlerhaft war.

Doch was ist zu tun, wenn der Steuerbescheid fehlerhaft ist?

Das mit einem Satz zu beantworten, ist zwar nicht immer möglich, entscheidend ist aber: Fehler im Steuerbescheid können mit dem Einspruch behoben werden.

Weil der Anwendungsbereich des Einspruchs nicht nur auf Steuerbescheide begrenzt ist, sondern auch für andere Verwaltungsakte gilt, soll nachfolgend deshalb zunächst geklärt werden:

- Was ist ein Verwaltungsakt?
- Wann wird der Verwaltungsakt wirksam?
- Wie erkenne ich Fehler im Verwaltungsakt?
- Und schließlich: Was kann man tun, wenn man einen Fehler entdeckt hat?

Verwaltungsakt 1

1.1 Definition

Nach § 118 Satz 1 AO ist ein Verwaltungsakt jede Verfügung, Entscheidung oder andere hoheitliche Maßnahme, die eine Behörde zur Regelung eines Einzelfalls auf dem Gebiet des öffentlichen Rechts trifft und die auf unmittelbare Rechtswirkung nach außen gerichtet ist.

Doch was heißt das nun konkret? Ist jede Maßnahme eines Finanzbeamten – sei es schriftlich oder mündlich – ein Verwaltungsakt?

1.1.1 Hoheitliche Maßnahme einer Behörde

Eine hoheitliche Maßnahme einer Behörde ist eine Willensäußerung eines befugten Amtsträgers, die in einer Entscheidung oder Verfügung Ausdruck findet. Sie stellt einen Eingriff der Finanzverwaltung in die Rechtssphäre des Steuerpflichtigen dar und ist in dem Über- und Untergeordnetenverhältnis zwischen dem Staat und dem Bürger begründet.

Beispiel

Der Sachbearbeiter erlässt einen Einkommensteuerbescheid. Hier liegt eine solche Maßnahme vor. Erlässt hingegen die Putzfrau den Einkommensteuerbescheid ohne Wissen und Wollen des Sachbearbeiters, liegt keine behördliche Maßnahme vor.

Auf dem Gebiet öffentlichen Rechts bedeutet, dass das Finanzamt mit der Maßnahme seiner gesetzlichen Aufgaben nachkommen muss. Es muss sich daher um eine Handlung auf dem Gebiet des Steuerrechts handeln, die nicht privat-rechtlicher Natur sein kann.

© Springer Fachmedien Wiesbaden GmbH, ein Teil von Springer Nature 2019
S. Meier und U. Rakowski, *Der Einspruch im Steuerrecht,*
https://doi.org/10.1007/978-3-658-27022-3_1

Beispiel

Das Finanzamt verkauft einige gebrauchte Computerbildschirme. Der Käufer bezahlt den vereinbarten Kaufpreis nicht.

Der Anspruch gegenüber dem Käufer auf Zahlung des Kaufpreises ist kein öffentlich-rechtlicher, sondern ein privat-rechtlicher Anspruch. Somit kann eine Zahlungsaufforderung hier kein Verwaltungsakt sein.

Abwandlung: Das Finanzamt erlässt einen Steuerbescheid an Helmut Pleite. Doch dieser bezahlt die fällige Steuernachzahlung von 2000 EUR nicht.

Hier handelt es sich um keinen privat-rechtlichen Anspruch des Finanzamts, sondern um einen öffentlich-rechtlichen.

1.1.2   Regelung eines Einzelfalls

Diese Handlung muss sich außerdem grundsätzlich auf eine bestimmte Person beziehen und für diese eine bestimmte Rechtsfolge vorsehen.

1.1.3   Unmittelbare Rechtswirkung nach außen

Ferner muss sich die Maßnahme mit unmittelbarer Rechtswirkung nach außen richten. Innerbehördliche Maßnahmen erfüllen diese Anforderung nicht.

Beispiel

Der Vorsteher eines Finanzamts weist seinen Sachbearbeiter der Veranlagungsstelle an, einen Stundungsantrag abzulehnen.

Es handelt sich bei der Anweisung des Vorstehers um eine behördeninterne Anweisung, die keine unmittelbare Rechtswirkung nach außen hat. Erst der Ablehnungsbescheid des Sachbearbeiters hat eine unmittelbare Rechtswirkung gegenüber dem Steuerpflichtigen und ist deshalb ein Verwaltungsakt.

1.2   Verwaltungsakt liegt vor

Liegt ein Verwaltungsakt vor, ist wichtig, dass er inhaltlich richtig bestimmt ist (§ 119 Abs. 1 AO). Dies bedeutet, dass die im Verwaltungsakt getroffene Regelung eindeutig sein und der Empfänger des Bescheids genau bezeichnet werden muss.

Der Finanzbeamte muss beim Erlass eines Verwaltungsakts festlegen[1]:

---

[1]Ergibt sich aus AEAO zu § 122 AO.

1. An wen richtet sich der Verwaltungsakt? → Inhaltsadressat
2. Wem soll er bekannt gegeben werden? → Bekanntgabeadressat
3. An wen ist der Verwaltungsakt zu übermitteln? → Empfänger
4. Ist eine besondere Form der Bekanntgabe erforderlich oder zweckmäßig?

Damit ein Verwaltungsakt gegenüber dem Steuerpflichtigen überhaupt eine rechtliche Wirkung entfalten kann, muss er wirksam sein.

Ein Verwaltungsakt ist nach § 124 AO wirksam, wenn er innerhalb der Finanzbehörde entstanden ist, ordnungsgemäß bekannt gegeben wurde und nicht nichtig ist. Wann ein Verwaltungsakt nichtig ist, enthält Abschn. 1.3.1.

Ein Verwaltungsakt kann grundsätzlich

- schriftlich
- mündlich
- elektronisch (hier sei auch auf § 87a AO verwiesen)
- oder in anderer Weise (§ 119 Abs. 2 AO)

erlassen werden.

▶ **Hinweis** Ein mündlicher Verwaltungsakt ist nach § 119 Abs. 2 Satz 2 AO schriftlich zu bestätigen, wenn hieran ein berechtigtes Interesse besteht und der Betroffene dies unverzüglich verlangt.

Bei bestimmten Verwaltungsakten ist jedoch die Schriftform zwingend vorgeschrieben. So beispielsweise bei Steuerbescheiden. Diese müssen neben der Schriftform auch die erlassende Behörde genau erkennen lassen. Es genügt dafür nicht, dass z. B. im Einkommensteuerbescheid im Briefkopf lediglich „Finanzamt" aufgeführt ist. Vielmehr muss „Finanzamt xy" dort zu finden sein.

Was aber, wenn der Verwaltungsakt einen Fehler enthält?

1.3 Fehler im Verwaltungsakt

Wenn ein Verwaltungsakt fehlerhaft ist, stellt sich die Frage, ob und wie der Fehler korrigiert werden kann. Man unterscheidet hier zunächst verschiedene Fehlerformen, nämlich Fehler, die einen Verwaltungsakt

- nichtig oder
- rechtswidrig

machen.

1.3.1 Ein Verwaltungsakt ist nichtig

Ist ein Verwaltungsakt nichtig, entfaltet er keine rechtliche Wirkung (§ 124 Abs. 3 AO). Das bedeutet: Der Verwaltungsakt muss nicht befolgt werden.

Ein Verwaltungsakt ist nichtig, wenn er an einem besonders schwerwiegenden Fehler leidet. Beispiele dafür sind:

- Der Inhaltsadressat ist so ungenau bezeichnet, dass Verwechslungsgefahr besteht (vgl. z. B. FG Münster, Urteil vom 18.05.2017, 5 K 1954/16 U).
- Die erlassende Behörde ist im Steuerbescheid nicht zu erkennen.

Auch wenn ein nichtiger Verwaltungsakt nicht zu befolgen ist, empfiehlt es sich dennoch, seine Nichtigkeit feststellen zu lassen. Insbesondere, wenn er ein Zahlungsgebot vorsieht.

Für die Feststellung der Nichtigkeit ist keine Frist vorgesehen. Der Antrag auf Feststellung der Nichtigkeit kann auch nach Ablauf der Rechtsbehelfsfrist gestellt werden. Ein entsprechendes Musterschreiben enthalten die Arbeitshilfen unter Abschn. 13.9.

1.3.2 Ein Verwaltungsakt ist rechtswidrig

Fehler, die nicht zur Nichtigkeit eines Verwaltungsaktes führen, machen ihn rechtswidrig. Als Ursachen kommen

- formelle oder
- materielle

Fehler in Betracht.

Im Unterschied zu nichtigen Verwaltungsakten müssen rechtswidrige befolgt werden, weil sie wirksam sind. Hier besteht also Handlungsbedarf.

1.3.2.1 Formelle Rechtswidrigkeit

Als formelle Fehler werden Fehler bezeichnet, die in der Verletzung der Vorschriften über das Verfahren, der Form oder der örtlichen Zuständigkeit bestehen. Fehlerverursacher ist damit das Finanzamt.

Beispiele für formelle Fehler sind:

- Ein Einkommensteuerbescheid wird geändert, ohne dass eine Korrekturvorschrift vorliegt.
- Das Betriebsstätten-Finanzamt erlässt den Einkommensteuerbescheid anstatt das Wohnsitz-Finanzamt.
- Hans Mayer wird im Bescheid als Hans Huber bezeichnet.

1.3.2.2 Materielle Rechtswidrigkeit

Enthält ein Verwaltungsakt inhaltliche Fehler (z. B. Sonderausgaben wurden zu Unrecht nicht anerkannt), spricht man von einem materiell rechtswidrigen Verwaltungsakt.

Es geht also um die Frage, ob die Rechtsvorschriften richtig angewandt wurden. Sie sind daher überwiegend Anlass zur Einspruchserhebung und sehr vielseitig.

Als Beispiele kommen in Betracht:

- Nachträgliche Vorlage einer Steuerbescheinigung,
- Korrektur von Rechenfehlern,
- das Vorbringen einer abweichenden Rechtsauffassung.

1.3.3 Das Wichtigste in Kürze

Da fehlerhafte und nichtige Verwaltungsakte unterschiedliche Rechtsfolgen auslösen, sind die wichtigsten Fälle in der nachfolgenden Übersicht dargestellt:

Fehlerhafte Verwaltungsakte	Nichtige Verwaltungsakte
Rechtsbehelfsbelehrung fehlt	Schriftformerfordernis missachtet
Bekanntgabe nach Eintritt der Feststellungs-, bzw. Festsetzungsverjährung	Fehlender Hinweis auf Gesamtrechtsnachfolge
Fehlerhafte Versagung von abzugsfähigen Aufwendungen, wie Betriebsausgaben	Festgesetzte Steuerart oder Steuerhöhe fehlt
Falsche Bezeichnung der Rechtsform	Bekanntgabe an verstorbene Person
Schreibfehler bei der Bezeichnung des Inhaltsadressaten	Ungenaue Bezeichnung des Inhaltsadressaten durch die Verwechslungsgefahr besteht
Rechtliches Gehör wurde nicht gewährt	
→ **Notwendigkeit eines Einspruchs prüfen**	→ **Antrag auf Feststellung der Nichtigkeit stellen**

Bekanntgabe eines Verwaltungsaktes

Damit ein Verwaltungsakt überhaupt wirksam wird, muss er dem Steuerpflichtigen bekannt gegeben werden (§ 122 Abs. 1 AO). Die Bekanntgabe ist also die Voraussetzung, damit Verwaltungsakte überhaupt eine Wirkung für den Steuerbürger entfalten – er also die Rechtsfolgen daraus zu befolgen hat.

Da nur bei einem wirksamen Verwaltungsakt das Einspruchsverfahren in Betracht kommt, wird an dieser Stelle die Bekanntgabe von Verwaltungsakten kurz vorgestellt:

Bekanntgabe impliziert zweierlei: zum einen den tatsächlichen Zugang beim Steuerpflichtigen und zum anderen einen Bekanntgabewillen der Finanzbehörde.

▶ **Wichtig** Um einen Verwaltungsakt wirksam bekannt zu geben, muss zunächst der Adressat richtig benannt werden.

Man unterscheidet begrifflich zwischen

- Inhaltsadressat,
- Bekanntgabeadressat und
- Empfänger.

In den meisten Fällen ist dieselbe Person sowohl Inhalts-, als auch Bekanntgabeadressat und Empfänger. In Einzelfällen wird jedoch von der Regel abgewichen.

2.1 Inhaltsadressat

Der **Inhaltsadressat** ist derjenige, gegen den sich der Verwaltungsakt richtet und der die Regelung des Verwaltungsakts zu befolgen hat. Bei Steuerbescheiden ist der Inhaltsadressat der Steuerschuldner (vgl. Tz. 1.3.1 der AEAO zu § 122).

© Springer Fachmedien Wiesbaden GmbH, ein Teil von Springer Nature 2019
S. Meier und U. Rakowski, *Der Einspruch im Steuerrecht,*
https://doi.org/10.1007/978-3-658-27022-3_2

2.2   Bekanntgabeadressat

Der **Bekanntgabeadressat** ist derjenige, dem der Verwaltungsakt bekannt gegeben werden soll (vgl. Tz. 1.4.1 der AEAO zu § 122). Weichen Bekanntgabe- und Inhaltsadressat voneinander ab, kann dies z. B. daran liegen, dass der Inhaltsadressat z. B. einen Steuerberater als Bevollmächtigten hat (vgl. Tz. 1.4.2 der AEAO zu § 122)

Beispiel

Moritz Mustermann hat seinen Steuerberater Sorgfalt zur Entgegennahme seiner Steuerbescheide ermächtigt. Damit ist dieser der Bekanntgabeadressat für den Steuerbescheid. Darauf wird im Bescheid auch hingewiesen. Steuerberater Sorgfalt ist jedoch nicht der Inhaltsadressat – das bleibt weiterhin Moritz Mustermann.

2.3   Empfänger

Der **Empfänger** ist derjenige, der den Verwaltungsakt tatsächlich übermittelt bekommt und der im Anschriftenfeld des Bescheids aufgeführt wird (vgl. Tz. 1.5 der AEAO zu § 122). Meistens ist das der Inhalts- bzw. Bekanntgabeadressat. Ist ein Bevollmächtigter vorhanden, ist er zumeist auch der Empfänger.

2.4   Bekanntgabe bei fehlender Personenidentität

Sind Inhaltsadressat (Steuerschuldner), Bekanntgabeadressat und Empfänger nicht dieselbe Person, muss jeder im Verwaltungsakt benannt werden. Bei Steuerbescheiden ist der Empfänger im Anschriftenfeld anzugeben, der Inhalts- und ggf. der Bekanntgabeadressat sowie das Vertretungsverhältnis müssen an anderer Stelle des Steuerbescheides aufgeführt werden.

Beispiel

Durch eine Erbschaft erhielt Moritz Mustermann eine Immobilie und erzielt Einkünfte aus Vermietung und Verpachtung. Moritz Mustermann selbst ist jedoch erst 13 Jahre alt und damit minderjährig. Seine Eltern Klaus und Erika Mustermann beauftragen einen Steuerberater für die Erstellung der Einkommensteuererklärung und bevollmächtigen ihn auch als Empfänger des Steuerbescheids.

Inhaltsadressat (Steuerschuldner):
Moritz Mustermann
Bekanntgabeadressaten:
Herrn Klaus Mustermann, Frau Erika Mustermann
als gesetzliche Vertreter des Moritz Mustermann, Gartenstraße 5, 79000 Musterstadt
Empfänger (Anschriftenfeld):
Herrn

Steuerberater

Jens Schlau

Postfach 1155

79000 Musterstadt

Bescheidkopf:

Für

Herrn Klaus Mustermann und Frau Erika Mustermann (Bekanntgabeadressaten) als gesetzliche Vertreter des Moritz Mustermann (Steuerschuldner und Inhaltsadressat), Gartenstraße 5, 79000 Musterstadt

2.5   Sonderfälle der Bekanntgabe

Interessant ist die Frage, wie bei mehreren Adressaten bekannt gegeben werden muss. Hier lohnt sich immer ein Blick in den Anwendungserlass zur Abgabenordnung (AEAO). Das ist insbesondere in nachfolgenden Fällen zu empfehlen, denn hier gelten Sonderregelungen:

- Ehegatten,
- Gesellschaften,
- Minderjährige,
- Gesamtrechtsnachfolger und
- Bevollmächtigte.

2.5.1   Bekanntgabe an Ehegatten

Ehegatten, die zusammen veranlagt werden, gelten im Steuerrecht als Gesamtschuldner. Anstatt an jeden Ehegatten einzeln einen Steuerbescheid mit den entsprechenden Besteuerungsgrundlagen zu erlassen, ergeht ein sog. zusammengefasster Bescheid.

In der Regel genügt für die Bekanntgabe, dass der Steuerbescheid bei Ehegatten in einfacher Ausfertigung an sie übermittelt wird, wenn beide eine gemeinsame Anschrift haben (vgl. § 122 Abs. 7 Satz 1 AO, Tz. 2 der AEAO zu § 122).

▶   **Hinweis** Beide Ehegatten sind Inhaltsadressaten und auch als solche zu benennen (vgl. Tz. 2.1.2 der AEAO zu § 122).

Zur Einzelbekanntgabe kommt es nur, wenn

- keine gemeinsame Anschrift besteht,
- dies beantragt wird,
- dem Finanzamt bekannt ist, dass es ernstliche Meinungsverschiedenheiten zwischen den Ehegatten gibt,
- förmliche Zustellungen erforderlich sind (vgl. § 122 Abs. 7 Satz 2 AO, Tz. 2.1.4 der AEAO zu § 122).

2.5.2 Gesellschaften

Besonderheiten bei der Bekanntgabe eines Verwaltungsakts gibt es bei Gesellschaften.

2.5.2.1 Bekanntgabe an Personengesellschaften

Bei Personengesellschaften gibt es die Besonderheit, dass Verwaltungsakte sich entweder an die Gesellschaft selbst oder den Gesellschafter richten (vgl. hierzu auch Tz. 2.4 der AEAO zu § 122).

Bei Betriebssteuern (z. B. Lohnsteuer, Umsatzsteuer) ist die Gesellschaft selbst der Steuerschuldner und damit auch der Inhaltsadressat. Der Verwaltungsakt richtet sich also an die Gesellschaft.

Bei der Einkommensteuer wird anders verfahren, denn hier richtet sich der Steuerbescheid an den einzelnen Gesellschafter, da er derjenige ist, der seinen Gewinn oder Verlust bei seiner Einkommensteuererklärung zu berücksichtigen und zu versteuern hat. Doch woher weiß er, wie hoch der Gewinnanteil exakt ist, den er versteuern muss?

Die Höhe seines Gewinn- oder Verlustanteils ergibt sich aus dem Feststellungsbescheid (§ 180 AO). Grundlage dafür ist die Feststellungserklärung der Gesellschaft. Sie enthält den durch die Gesellschaft ermittelten Gewinn und die Namen sämtlicher Gesellschafter. Diese Besteuerungsgrundlagen setzt das Finanzamt in diesem Feststellungsbescheid fest und rechnet den Gewinn/Verlust dem Gesellschafter entsprechend seiner Beteiligungsquote zu.

2.5.2.2 Juristische Personen

Steuerbescheide an juristische Personen, wie z. B. die GmbH oder die Aktiengesellschaft, sind an sie zu adressieren und bekannt zu geben. Bekanntgabeadressat und Empfänger sind hier meist die gesetzlichen Vertreter, auch wenn diese nicht explizit im Bescheid als solche zu finden sind (vgl. hierzu auch Tz. 2.8 der AEAO zu § 122).

Beispiel[1]

Anschriftenfeld (Steuerschuldner als Inhaltsadressat, Bekanntgabeadressat und Empfänger):

Müller GmbH
Postfach 67 00
40210 Düsseldorf
(Angaben wie „z. H. des Geschäftsführers Müller" o. Ä. sind nicht erforderlich.)

---

[1]Aus Tz. 2.8.1.1. der AEAO zu § 122 AO.

2.5.3 Minderjährige

In der Regel sind bei Minderjährigen die Eltern Bekanntgabeadressaten, wenn ein Verwaltungsakt an ihr Kind erlassen wird. Es reicht grundsätzlich aus, wenn einem Elternteil der Bescheid bekannt gegeben wird. Beim Anschriftenfeld genügen z. B. folgende Angaben (vgl. hierzu auch Tz. 2.2.2 der AEAO zu § 122):

Beispiel

Die Eltern Klaus und Erika Mustermann vertreten ihren Sohn Moritz gesetzlich. Sie sind die Bekanntgabeadressaten für den Steuerbescheid an Moritz Mustermann.
Der Steuerbescheid ist zu übermitteln an:

Anschriftenfeld (Empfänger):
Klaus Mustermann,
Erika Mustermann
Gartenstraße 5,
79000 Musterstadt
Bescheidkopf:
Als gesetzliche Vertreter (Bekanntgabeadressaten) von Moritz Mustermann (Steuerschuldner und Inhaltsadressat)

2.5.4 Gesamtrechtsnachfolger

Verstirbt ein Steuerpflichtiger, geht seine Steuerschuld auf seinen Rechtsnachfolger über (Gesamtrechtsnachfolge nach § 45 AO, vgl. hierzu auch Tz. 2.12 der AEAO zu § 122).

▶ Ein Steuerbescheid, der dem Steuerpflichtigen noch zu Lebzeiten zugeht, wirkt nach seinem Tode auch gegen den Gesamtrechtsnachfolger. Der Gesamtrechtsnachfolger muss beachten, dass er nur innerhalb der für den Rechtsvorgänger maßgeblichen Rechtsbehelfsfrist Einspruch einlegen kann (vgl. Tz. 2.12.1 der AEAO zu § 122).

Für Bescheide, die nach dem Tod eines Steuerpflichtigen ergehen, ist ein Hinweis auf die Gesamtrechtsnachfolge zu geben.

Beispiel

Gunter Munter und seine Frau Erna Munter werden zusammen zur Einkommensteuer veranlagt. Gunter verstirbt am 10.05.2019. Seine Ehefrau ist Alleinerbin. Für den Veranlagungszeitraum 2018 wird ein zusammengefasster Einkommensteuerbescheid bekannt gegeben:

Anschriftenfeld (Steuerschuldner als Inhaltsadressat, Bekanntgabeadressat und Emp-
fänger):
Frau
Erna Munter
Waldstr. 1
70000 Neustadt
Bescheidkopf:
Dieser Steuerbescheid ergeht an Sie zugleich als Alleinerbin nach Ihrem Ehemann.

2.5.5   Steuerberater als Bevollmächtigte

Wurde ein Steuerberater beauftragt, die Steuererklärung zu erstellen und einzureichen,
bedeutet das nicht automatisch, dass der Steuerberater auch Empfangsbevollmächtigter
ist. Das Finanzamt kann den Bescheid dann entweder dem Steuerberater oder dem
Steuerpflichtigen selbst bekannt geben. Es hat hier einen Ermessensspielraum. Dabei
muss es jedoch beachten, dass es dem Steuerberater den Bescheid dann bekannt geben
sollte, wenn der Steuerpflichtige dies dem Finanzamt ausdrücklich mitteilt (vgl. Tz.
1.7.2. der AEAO zu § 122). Nur in Ausnahmefällen sollte der Bescheid dann dem Steuerpflichtigen selbst bekannt gegeben werden.

Wenn der Bescheid dem Steuerpflichtigen bekannt gegeben wird, ohne die Bekannt-
gabevollmacht des Steuerberaters zu beachten, wird dieser Fehler durch die Weiterleitung des Bescheids an den Berater geheilt (vgl. Tz. 1.7.3. der AEAO zu § 122).

Ein Steuerberater ist solange Empfangsbevollmächtigter, bis das Finanzamt einen
Widerruf der Vollmacht erhält.

2.6   Wie wird bekanntgegeben?

Die Bekanntgabe kann

- durch Zustellung,
- durch Übergabe,
- per Post mit einfachem Brief,
- durch elektronische Bekanntgabe (z. B. Fax), oder
- mündlich (z. B. telefonisch bei einer Fristverlängerung)

erfolgen (vgl. Tz. 1.8 der AEAO zu § 122 AO).

▶   **Wichtig** Ein Verwaltungsakt, der zwingend schriftlich zu erfolgen hat, wird
     nicht wirksam, wenn er mündlich bekanntgegeben wird.

2.7   Wann wird bekanntgegeben?

Diese Frage ist für das Einspruchsverfahren deshalb von zentraler Bedeutung, weil für den Beginn der Einspruchsfrist maßgebend ist, wann der Verwaltungsakt bekannt gegeben wurde.

2.7.1   Bekanntgabefiktion

In der Regel werden schriftliche Verwaltungsakte durch die Post als einfacher Brief übermittelt. Für diese Fälle greift die sogenannte Bekanntgabefiktion. Die entsprechende Regelung findet sich in § 122 Abs. 2 Nr. 1 AO und besagt:

Ein schriftlicher Verwaltungsakt, der durch die Post übermittelt wird, gilt als bekannt gegeben

1. *bei einer Übermittlung im Inland am dritten Tage nach der Aufgabe zur Post,*
2. *bei einer Übermittlung im Ausland einen Monat nach der Aufgabe zur Post,*

außer wenn er nicht oder zu einem späteren Zeitpunkt zugegangen ist; im Zweifel hat die Behörde den Zugang des Verwaltungsakts und den Zeitpunkt des Zugangs nachzuweisen.

Beispiel

Der Einkommensteuerbescheid an den Steuerpflichtigen (im Inland) wird am Montag, den 07.01.2019 vom Finanzamt zur Post aufgegeben. Die Bekanntgabe gilt (nach § 122 Abs. 2 Nr. 1 AO) am Donnerstag, den 10.01.2019 als erfolgt.

Variante: Der Steuerpflichtige erhält den Einkommensteuerbescheid tatsächlich bereits am Mittwoch, den 09.01.2019. Auch in diesem Fall gilt die Bekanntgabefiktion (Donnerstag, 10.01.2019), obwohl er den Steuerbescheid bereits früher erhalten hat.

▶   **Hinweis** Bei Steuerbescheiden ist auf das Bescheiddatum abzustellen, da sie zentral und maschinell elektronisch versendet werden. Das Bescheiddatum ist auf der ersten Seite rechts oben abgedruckt.

2.7.2   Vermutete Bekanntgabe an Sonn- oder Feiertag

Fällt das Ende einer Frist auf einen Sonntag, einen gesetzlichen Feiertag oder einen Sonnabend, so endet die Frist mit dem Ablauf des nächstfolgenden Werktags. Das bedeutet, das Fristende wird auf den nächsten Werktag verschoben.

Beispiel

Der Einkommensteuerbescheid wird am Donnerstag, den 10.01.2019 zur Post aufgegeben. Da der 13.01.2019 ein Sonntag ist, gilt der Einkommensteuerbescheid im
Beispielsfall erst am Montag, den 14.01.2019 als bekannt gegeben.

▶   **Hinweis** Nun haben bekanntlich nicht alle Bundesländer dieselbe Anzahl von
    Feiertagen. In Bayern gibt es sogar das Phänomen, dass es für Bewohner in
    Augsburg einen Feiertag mehr gibt, als für den Rest des Landes.

2.7.3   Tatsächlich späterer Zeitpunkt der Bekanntgabe

Nachdem Postsendungen unterwegs verloren gehen oder Unwetter den Postlauf stören kön-
nen, ist es gut möglich, dass der Verwaltungsakt seinen Empfänger tatsächlich erst zu einem
späteren Zeitpunkt als nach der Bekanntgabevermutung erreicht (vgl. hierzu auch BFH,
Urteil vom 14.06.2018, III R 27/17 im Falle der Beauftragung privater Postdienstleister).
    Was ist aber für den tatsächlichen Zugang maßgebend?
    Wer meint, maßgebend dafür sei der Tag, an dem der Brief geöffnet wird, der irrt.
Vielmehr stellt man auf den Tag ab, an dem der Verwaltungsakt in den Machtbereich des
Empfängers gelangt. Dafür reicht der Einwurf in den Briefkasten. Denn dann kann unter-
stellt werden, dass der Steuerpflichtige von dem Verwaltungsakt Kenntnis nehmen wird.
Wann der Brief in Wirklichkeit geöffnet wird, spielt keine Rolle.

Beispiel

Der Bescheid wird am Montag zur Post gegeben. Der Brief wird aber erst am Freitag in
den Briefkasten des Steuerpflichtigen eingeworfen, der ihn am Samstag dort vorfindet.
Tatsächlich zugegangen und damit bekanntgegeben ist der Steuerbescheid am Freitag.

▶   **Wichtig** Den späteren Zugangszeitpunkt muss man im Zweifel glaubhaft
    machen.

2.7.3.1 Der Verwaltungsakt geht überhaupt nicht zu

Ist im Briefkasten plötzlich eine Mahnung, die Einkommensteuerschuld zu begleichen
oder weist das Konto eine Gutschrift vom Finanzamt auf, ohne dass ein entsprechender
Bescheid zuvor einging, steht fest, dass wohl etwas auf dem Weg verloren gegangen ist.
    Da ein Verwaltungsakt nur bei wirksamer Bekanntgabe zu befolgen ist, muss bei
einem fehlenden Zugang das Finanzamt den Verwaltungsakt erneut verschicken und dieser auch zugehen.
    Zweifelt das Finanzamt die Aussage an, dass der Verwaltungsakt nicht einging, ist der
Steuerpflichtige diesmal aus dem Schneider. Denn dann muss das Finanzamt den Gegen-
beweis antreten und belegen können, dass dem nicht so ist (vgl. hierzu § 122 Abs. 2 AO).

> **Beispiel**
>
> Der Bescheid wird am Montag zur Post gegeben. Acht Wochen später erhält der Steuerpflichtige eine Mahnung, die fällige Nachzahlung zu entrichten. Der Steuerpflichtige ruft beim Finanzamt an und teilt mit, dass er den Bescheid nicht erhalten habe.

Kann das Finanzamt nicht belegen, dass der Bescheid angekommen ist, muss es diesen erneut verschicken. Erst dann ist der Steuerbescheid wirksam bekannt gegeben.

2.7.3.2 Sonderfall: Steueranmeldungen

Bei bestimmten Steuerarten, wie der Umsatzsteuer oder der Lohnsteuer, muss der Unternehmer sog. Steueranmeldungen abgeben. Der Abgabe der Voranmeldung folgt nicht zwangsläufig ein Steuerbescheid.

Das beruht auf der besonderen Wirkung von Steueranmeldungen. Denn sie stehen nach dem Gesetz[2] einer Steuerfestsetzung unter dem Vorbehalt der Nachprüfung gleich. Das bedeutet, dass der Eingang der Steueranmeldung zu einer Steuerfestsetzung führt. Während diese Wirkung bei Steueranmeldungen, die eine Zahllast vorsehen, mit dem Eingang beim Finanzamt eintritt, ist dies bei Erstattungsbeträgen erst mit der Zustimmung der Finanzbehörde der Fall.

> **Beispiel**
>
> Franz Feuerstein gibt seine Umsatzsteuervoranmeldung für Mai 2019 am 03.06.2019 ab. Darin ergibt sich eine Umsatzsteuerzahllast von 1000 EUR.

In diesem Fall ist als Bekanntgabetag auf den Tag des Eingangs der Steueranmeldung abzustellen.

Ergibt sich jedoch ein Vergütungsanspruch, gilt die Steueranmeldung erst mit der Zustimmung des Finanzamtes als Steuerfestsetzung. Für den Bekanntgabetag ist daher auf die Zustimmung abzustellen, die formfrei ist. Ergeht sie schriftlich bzw. elektronisch, gilt wieder die Dreitagesbekanntgabevermutung. Ist hingegen keine Mitteilung ergangen, gilt die Zustimmung frühestens mit der Gutschrift des Erstattungsbetrags als bekannt gegeben.

> **Beispiel**
>
> Franz Feuerstein gibt seine Umsatzsteuervoranmeldung für Mai 2019 am 03.06.2019 ab. Darin ergibt sich ein Vorsteuerüberhang von 1000 EUR. Die Gutschrift auf dem Konto erfolgt am 11.06.2019. In diesem Fall beginnt die Einspruchsfrist mit Ablauf des 11.06.2019.

---

[2]§ 168 Satz 1 AO.

Weicht das Finanzamt von den Werten der Steueranmeldung ab, erlässt es einen Steuer-bescheid. Dann gilt das zur schriftlichen Bekanntgabe Gesagte.

Für den Fristbeginn bei Steueranmeldungen gilt daher folgende Übersicht:

Fristbeginn bei Steueranmeldungen	
Schwarzbetrag	Tag des Eingangs der Steueranmeldung
Rotbetrag	Bei schriftlicher oder elektronischer Zustimmung: Dreitages-bekanntgabevermutung Ansonsten: Gutschrift des Erstattungsbetrags

2.7.4 Mündliche Bekanntgabe

Sieht das Gesetz keine Schriftform vor, reicht die mündliche Bekanntgabe. Dies kommt z. B. bei Fristverlängerungen, Billigkeitsmaßnahmen und Stundungen in Betracht. Für die Bekanntgabe ist daher der Tag maßgebend, an dem dem Steuerpflichtigen der Verwaltungsakt mündlich mitgeteilt wird.

Beispiel

Susi Sonnenschein ruft am 05.08.2019 beim Finanzamt an und bittet den Sachbe-arbeiter um eine Fristverlängerung für die Abgabe ihrer Einkommensteuerjahres-erklärung 2018. Diesen Antrag lehnt der Finanzbeamte am selben Tag ab.

Für die Bekanntgabe ist der 05.08.2019 maßgebend.

Der Steuerpflichtige kann aber auch verlangen, dass das Finanzamt den Verwaltungsakt schriftlich bestätigt. Dann gilt wieder das zur schriftlichen Bekanntgabe Gesagte.

2.7.5 Elektronische Bekanntgabe

Wird ein Verwaltungsakt elektronisch an den Steuerbürger übermittelt, so gilt der Ver-waltungsakt am dritten Tag nach der Absendung als bekannt gegeben. Etwas anderes gilt, wenn der Verwaltungsakt nicht oder zu einem späteren Zeitpunkt zugegangen ist (vgl. vorherige Ausführungen). Die Behörde muss auch hier im Zweifel den Zugang nach-weisen (vgl. § 122 Abs. 2a AO).

2.7.6 Förmliche Bekanntgabe

Zur förmlichen Bekanntgabe kommt es nur, wenn dies gesetzlich vorgeschrieben ist oder die Finanzbehörde von sich aus die Zustellung anordnet.

In der Praxis wird die förmliche Zustellung z. B. benutzt für:

- die Ladung zu dem Termin zur Abgabe der eidesstattlichen Versicherung,
- die Verfügung über die Pfändung einer Geldforderung, und
- die Arrestanordnung.

Für den Bekanntgabezeitpunkt gilt folgendes:

- bei Zustellung durch die Post mit Zustellungsurkunde: Tag lt. Zustellungsurkunde,
- bei Zustellung durch die Post mit Einschreiben: Tag lt. Rückschein oder Übergabetag,
- bei Zustellung durch einfachen Brief gegen Empfangsbekenntnis: Tag der Unterschrift.

2.7.7   Öffentliche Bekanntgabe

Einen sehr seltenen Fall stellt die öffentliche Bekanntgabe dar. Ihr Anwendungsbereich betrifft Fälle, in denen dem Finanzamt die Anschrift des Empfängers unbekannt ist. Der Verwaltungsakt gilt zwei Wochen nach dem Tag der Bekanntmachung der Benachrichtigung als zugestellt.

2.8   Prüfungsschritte

Jeder Verwaltungsakt sollte nach Erhalt zeitnah auf seine Richtigkeit hin geprüft werden. Steuerbescheide geben am häufigsten Anlass zu Einsprüchen. Deshalb an dieser Stelle ein paar Tipps, wie überprüft werden kann, ob der Steuerbescheid richtig ist oder einen Fehler enthält.

Damit ein Steuerbescheid überhaupt korrekt geprüft werden kann, sollten sämtliche Belege und Erklärungsangaben vor der Abgabe einer Steuererklärung kopiert werden.

Anhand dieser Daten lässt sich dann leicht feststellen, ob das Finanzamt von der Steuererklärung abgewichen ist oder die Angaben übernommen hat.

▶   **Wichtig** Wenn das Finanzamt abgewichen ist, sollte im Erläuterungsteil ein Hinweis enthalten sein, warum abgewichen wurde.

Bei Erhalt des Steuerbescheids sollten im ersten Schritt vor allem die allgemeinen Daten geprüft werden, bevor man sich den einzelnen Beträgen der Steuerberechnung zuwendet.

Stellt sich bei der Prüfung des Verwaltungsaktes heraus, dass bestimmte Angaben

- überhaupt nicht,
- falsch
- oder unvollständig

übernommen wurden, ergibt sich meistens auch Handlungsbedarf.

Beispiel

Horst Hämmerle hat in seiner Einkommensteuererklärung Werbungskosten i. H. v. 2500 EUR geltend gemacht. Bei der Prüfung seines Steuerbescheids stellt er fest, dass das Finanzamt davon nur 1500 EUR anerkannt hat. Horst Hämmerle muss nun prüfen, ob die Werbungskosten i. H. v. 1000 EUR zu Recht oder zu Unrecht nicht anerkannt wurden.

Hier empfiehlt es sich für ihn, zunächst in seinem Steuerbescheid den Erläuterungstext durchzulesen. Daraus ergibt sich in solchen Fällen oft, warum nicht sämtliche Werbungskosten anerkannt worden sind.

Danach kann er entscheiden, ob er tätig werden und gegen die Nichtberücksichtigung der Werbungskosten vorgehen möchte.

▶   **Hinweis** Hilfreiche Checklisten zur Prüfung von Bescheiden sind in den Arbeitshilfen zu finden.

Teil II
Das Einspruchsverfahren

Der Einspruch im Finanzamt

3

Wenn man sich durchgerungen hat, einen Einspruch einzulegen, stellt sich die Frage: Was passiert nun? Deshalb kurz einen Einblick, welchen Weg das Schreiben in der Behörde nimmt:

Sobald das Einspruchsschreiben im Finanzamt angekommen ist, wird per Posteingangsstempel das Datum vermerkt. Das ist vor allem deshalb wichtig, um später zu prüfen, ob der Einspruch fristgerecht eingegangen ist, vgl. hierzu Abschn. 5.3.

Vorausgesetzt, der Einspruch wurde beim richtigen Finanzamt eingelegt, wird nun die zuständige Veranlagungsstelle ermittelt. Steuererklärungen werden in den Finanzämtern von den sog. Veranlagungsstellen bearbeitet und auch Einsprüche werden zunächst dorthin weitergeleitet.

Der zuständige Bearbeiter prüft den Einspruch dann zunächst formal und trägt ihn in seine Rechtsbehelfsliste ein.

Diesen Weg geht jeder Einspruch. Doch dann gibt es verschiedene Möglichkeiten.

Entweder, der Fall ist so klar, dass der Bearbeiter dem Einspruch gleich abhilft und einen geänderten Bescheid erlässt oder aber es ergeben sich Rückfragen. Möglich ist auch, dass der Einspruch noch unbegründet ist. Dann wird der Bearbeiter sich i. d. R. schriftlich mit dem Einspruchsführer in Verbindung setzen.

Wenn der Bearbeiter die Einwendungen nicht nachvollziehen kann und auch für den Einspruchsführer keine Rücknahme des Einspruchs infrage kommt – sprich, keine Einigung erzielt werden kann – dann wird der Fall an die Rechtsbehelfsstelle weitergeleitet.

Die Rechtsbehelfsstelle entscheidet dann, ob sie dem Einspruch abhelfen oder eine Einspruchsentscheidung verfassen wird, vgl. Abschn. 10.3. Mit der Einspruchsentscheidung endet das außergerichtliche Rechtsbehelfsverfahren. Jeder weitere Schritt löst dann Kosten aus. Denn nur das außergerichtliche Rechtsbehelfsverfahren ist kostenlos.

© Springer Fachmedien Wiesbaden GmbH, ein Teil von Springer Nature 2019
S. Meier und U. Rakowski, *Der Einspruch im Steuerrecht*,
https://doi.org/10.1007/978-3-658-27022-3_3

Das Einspruchsverfahren

Wer sich mit dem Gedanken befasst hat, ob er gegen einen Verwaltungsakt Einspruch einlegen soll, der hat sich zwangsläufig auch die Frage gestellt, was zu tun ist, damit das Finanzamt sein Anliegen als Einspruch wertet und eine Überprüfung des angefochtenen Verwaltungsaktes vornimmt.

In der Abgabenordnung findet man hierzu eine ganze Reihe von Vorschriften, die es für einen erfolgreichen Einspruch zu beachten gilt. Da man hier leicht den Überblick verlieren kann, findet sich folgender Merksatz in zahlreichen Kommentierungen wieder:

> Der Einspruch hat Aussicht auf Erfolg, wenn er zulässig und begründet ist.

Was sich hier bereits zeigt: das Einspruchsverfahren untergliedert sich in zwei Prüfungsschritte, der Zulässigkeit und daran anschließend die Begründetheit des Einspruchs.

Während es bei der Prüfung der Zulässigkeit des Einspruchs eher auf formelle Dinge ankommt, wie z. B. ob der Einspruch innerhalb der Einspruchsfrist eingelegt wurde und ob er den Formvorschriften entspricht, geht es bei der Prüfung der Begründetheit darum, darzulegen, weshalb der angefochtene Verwaltungsakt aus Sicht des Einspruchsführers fehlerhaft ist.

▶ **Tipp** Wenn Sie daher einen erfolgreichen Einspruch einlegen möchten, sollten Sie diese zwei Schritte beachten und mit der Zulässigkeitsprüfung beginnen. Denn die beste Einspruchsbegründung ist am Ende vergebene Liebesmühe, wenn Ihr Einspruch nicht zulässig ist, weil Sie die Einspruchsfrist versäumt haben.

▶ **Wichtig** Das Einspruchsverfahren immer zuerst mit der Prüfung der Zulässigkeit des Einspruchs beginnen!

© Springer Fachmedien Wiesbaden GmbH, ein Teil von Springer Nature 2019
S. Meier und U. Rakowski, *Der Einspruch im Steuerrecht*,
https://doi.org/10.1007/978-3-658-27022-3_4

Zulässigkeit des Einspruchs

5

Ein Einspruchsverfahren kann nur dann erfolgreich sein, wenn der Einspruch zulässig ist. Deshalb wird im ersten Schritt immer geprüft: Ist der Einspruch überhaupt zulässig? Das Gesetz sieht dafür folgende Voraussetzungen vor, die allesamt erfüllt sein müssen:

- Statthaftigkeit des Einspruchs: §§ 347, 348 AO,
- Beachtung der Formvorschriften: § 357 AO,
- Einlegung innerhalb der Einspruchsfrist bei der richtigen Anbringungsbehörde: § 355 AO und § 357 Abs. 2 AO,
- Vorliegen einer Einspruchsbefugnis: §§ 350, 352, 353 AO,
- Geltendmachung einer Beschwer: § 350 AO,
- Kein Einspruchsverzicht: § 354 AO, und
- Keine Einspruchsrücknahme: § 362 AO.

Nur wenn alle Kriterien vorliegen, ist der Einspruch zulässig. Fehlt auch nur eines der aufgezählten Merkmale, bringt die beste Begründung nichts, das Finanzamt wird den Einspruch als unzulässig verwerfen (Abb. 5.1).

Nach diesem ersten Überblick nun zu den einzelnen Voraussetzungen:

© Springer Fachmedien Wiesbaden GmbH, ein Teil von Springer Nature 2019
S. Meier und U. Rakowski, *Der Einspruch im Steuerrecht*,
https://doi.org/10.1007/978-3-658-27022-3_5

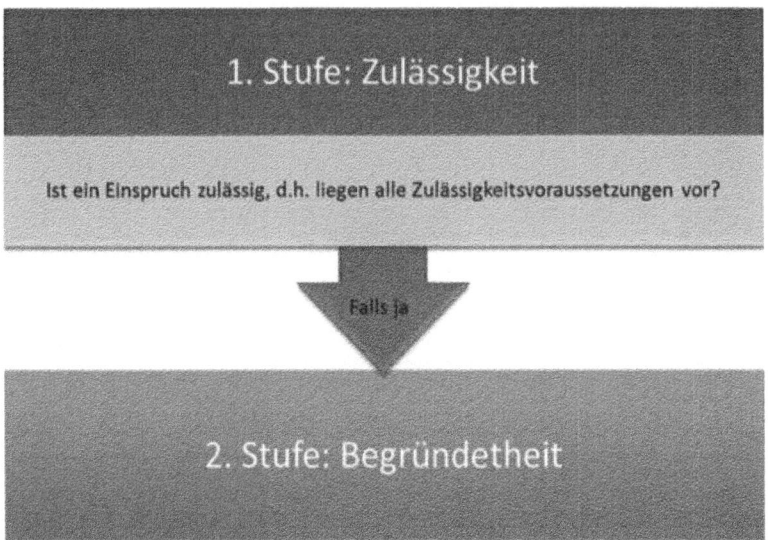

Abb. 5.1 Prüfung der Zulässigkeit

5.1   Statthaftigkeit

Zunächst ist zu prüfen, ob der Einspruch überhaupt das richtige Rechtsmittel für die Einwendungen darstellt. Denn nur wenn der Einspruch statthaft ist, kann man zum nächsten
Prüfungskriterium übergehen.

Beispiel

Herr Müller ruft im Finanzamt an und bittet um eine allgemeine Auskunft zum
Werbungskostenabzug. Die Finanzbeamtin Frau Fröhlich gibt ihm allgemeine Hin-
weise, die auf seinen Fall jedoch gar nicht zutreffen. Herr Müller setzt sich sofort
nach dem Telefonat an seinen Schreibtisch und formuliert einen Einspruch.

Dieser Einspruch ist nicht statthaft – denn Frau Fröhlich hat ihm nur eine allgemeine Auskunft gegeben.

Doch wann ist ein Einspruch statthaft? Die Antwort auf diese Frage findet sich in den
Paragraphen §§ 347 und 348 AO.

Danach ist der Einspruch nur gegen sog. Verwaltungsakte statthaft. Zum Begriff des
Verwaltungsaktes vgl. Kap. 1.

Für das Einspruchsverfahren muss ein solcher Verwaltungsakt aber nicht zwangsläufig vorhanden sein, da auch bei Untätigkeit des Finanzamtes ein Einspruch möglich
ist. Man nennt diesen Einspruch auch den sog. Untätigkeitseinspruch. An seine Statthaftigkeit werden besondere Anforderungen gestellt.

Bei der Statthaftigkeit unterscheidet man daher zwischen zwei Arten von Rechtsbehelfen:

- dem Einspruch und
- dem Untätigkeitseinspruch.

▶ **Merke** Das Einspruchsverfahren ist nur möglich, wenn ein Verwaltungsakt angegriffen wird oder das Finanzamt bei einem Antrag auf Erlass eines solchen Verwaltungsakts untätig bleibt.

5.1.1   Einspruch gegen einen Verwaltungsakt

Wie gerade beschrieben, ist der Einspruch als Rechtsbehelf nur gegen sog. Verwaltungsakte statthaft. Das Problem dabei: Nicht jede Maßnahme oder jedes Schreiben vom Finanzamt stellt zugleich einen solchen Verwaltungsakt dar. Gegen die Aufforderung zur Abgabe einer Steuererklärung kann man z. B. keinen Einspruch einlegen – gegen den später erlassenen Steuerbescheid hingegen schon.

▶ **Tipp** Einspruchsfähige Verwaltungsakte erkennen Sie für gewöhnlich an der beigefügten Rechtsbehelfsbelehrung.

Aber Achtung: Nicht alle Verwaltungsakte können mit dem Einspruch angefochten werden. Vielmehr ist der Anwendungsbereich des Einspruchs auf die vier nachfolgenden Verwaltungsakte beschränkt (vgl. hierzu § 347 AO Abs. 1. Satz 1):

- Verwaltungsakte in Abgabenangelegenheiten,
- Verwaltungsakte in Vollstreckungsangelegenheiten außerhalb des Bereichs der Steuerangelegenheiten,
- Verwaltungsakte in öffentlich-rechtlichen und berufsrechtlichen Angelegenheiten, und zu guter Letzt
- Verwaltungsakte in anderen durch die Finanzbehörden verwalteten Angelegenheiten, soweit dies gesetzlich zugelassen ist.

Das Augenmerk im Einspruchsverfahren liegt dabei bei der ersten Kategorie, d. h. den Verwaltungsakten in Abgabenangelegenheiten, auch sog. Steuerverwaltungsakte genannt.

Wie sich aus dem Verweis „in Abgabenangelegenheiten" entnehmen lässt, handelt es sich um einen Vorgang, der in die Zuständigkeit des Finanzamtes fällt.

Dieser Hinweis ist z. B. bei der Gewerbesteuer oder der Grundsteuer sehr wichtig. Denn hier wird die Steuer nicht von der Finanzverwaltung festgesetzt, sondern von den Gemeinden – wenn auch auf der Grundlage der Steuermessbescheide der Finanzämter. Wer daher gegen den Gewerbesteuerbescheid Einspruch einlegt, ist mit den Regelungen aus der Abgabenordnung auf dem falschen Dampfer.

Beispiel

Der Handwerker Andreas Schmidt erhält einen Gewerbesteuerbescheid von seiner Gemeinde. Mit dem Bescheid ist er jedoch nicht einverstanden. Er legt beim Finanzamt Einspruch ein – und liegt damit leider falsch. Er müsste bei der Gemeinde Widerspruch einlegen.

▶ **Wichtig** Gegen Grundsteuer- und Gewerbesteuerbescheide von den Gemeinden ist der Einspruch nicht statthaft. Hier muss *Widerspruch* erhoben werden.

Neben den Steuerbescheiden gibt es aber auch noch andere Anwendungsbeispiele, die es wegen ihrer besonderen Praxisbedeutung zu kennen lohnt. Dazu zählen unter anderem:

- Ablehnung eines Antrags auf Änderung eines Steuerbescheids,
- Widerruf einer Stundung,
- Ablehnung der Aussetzung der Vollziehung,
- Prüfungsanordnung wie auch die Festlegung des Prüfungsbeginns und des Prüfungsorts.

Nicht einspruchsfähig sind innerbehördliche Maßnahmen wie z. B. die Niederschlagung von Steuerforderungen, unverbindliche Rechtsauskünfte oder Prüfungsberichte. Das liegt daran, dass sie keine Rechtswirkung nach außen hin haben. Gleiches gilt für die Aufrechnungserklärung durch das Finanzamt.

Für die Statthaftigkeit ist es übrigens ohne Bedeutung, ob der betroffene Verwaltungsakt fehlerfrei, fehlerhaft oder nichtig ist. Die Fehlerhaftigkeit eines Verwaltungsaktes kommt erst bei der eigentlichen Einspruchsbegründung zum Tragen.

5.1.2 Untätigkeitseinspruch

Auch ohne das Vorliegen eines Verwaltungsaktes ist das Einspruchsverfahren möglich, nämlich bei Untätigkeit des Finanzamtes. Diesen Einspruch nennt man deshalb auch den sog. Untätigkeitseinspruch, der eine Unterart des Einspruchs i. S. d. § 347 Abs. 1 Nr. 1 AO darstellt. Weil in diesen Fällen kein Verwaltungsakt vorliegt, besitzt er eigene Kriterien für die Statthaftigkeit.

Der Untätigkeitseinspruch ist daher nur statthaft, wenn das Finanzamt

- auf einen Antrag auf Erlass eines Verwaltungsakts,
- binnen angemessener Frist,
- ohne Mitteilung eines zureichenden Grundes,
- sachlich nicht entscheidet.

Beispiel

Fritz Pleite hat am 04.03.2019 seine Einkommensteuererklärung abgegeben.

Da Fritz Werbungskosten i. H. v. 6000 EUR eingereicht hat, erwartet er eine hohe Steuererstattung. Obwohl Fritz regelmäßig nachfragt, liegt im Dezember 2019 immer noch kein Bescheid vor. Fritz legt dagegen – zu Recht – Untätigkeitseinspruch ein.

In der Praxis sind vor allem nachfolgende Anträge von diesem besonderen Einspruch betroffen:

- Antrag auf Veranlagung zur Einkommensteuer,
- Antrag auf Erteilung einer Steuernummer,
- Antrag auf Erteilung einer Freistellungsbescheinigung für die Bauabzugssteuer,
- Antrag auf Erlass einer sog. Nichtveranlagungsbescheinigung,
- Antrag auf Änderung eines Steuerbescheides.

Doch wann ist eine Frist angemessen? Dieses Kriterium „binnen angemessener Frist" bereitet in der Praxis die häufigsten Schwierigkeiten. Es gibt weder im Gesetz noch in der AEAO einen Anhaltspunkt, welcher Zeitraum hier heranzuziehen ist. Damit sind die Umstände des Einzelfalls maßgebend. Im Allgemeinen wird jedoch eine Frist von sechs Monaten als angemessen angesehen[1]. Kommt der Steuerpflichtige jedoch selbst seinen Mitwirkungspflichtigen nicht nach, kann sich diese Frist auch verlängern.

▶ **Tipp** Als Faustregel nehmen Sie die Sechsmonatsfrist.

Das eigene (Fehl-)Verhalten des Steuerpflichtigen nimmt auch Einfluss auf die Frage, ob ein bestimmter Grund für die Nichtentscheidung vorliegt, beispielsweise, wenn er seine Mitwirkungspflichten verletzt[2].

Beispiel

Harri Faulpelz hat seine Einkommensteuererklärung abgegeben. Weil er darin widersprüchliche Angaben gemacht hat, fordert ihn das Finanzamt dazu auf, zu diesen Punkten Stellung zu nehmen. Harri Faulpelz ist aber so beschäftigt, dass er ständig vergisst, dem Finanzamt zu antworten. Da das Finanzamt ohne die Angaben von Harri Faulpelz die Steuer nicht festsetzen kann, kann auch Harri Faulpelz einen Steuerbescheid nicht erwarten.

Der Untätigkeitseinspruch setzt also zweierlei voraus: ein Fehlverhalten des Finanzamtes bei gleichzeitiger Erfüllung der Mitwirkungspflichten aufseiten des Steuerpflichtigen.

---

[1]Vgl. z. B. Keß in Schwarz/Pahlke, AO § 347 Rz. 76 (Stand: 26.01.2017), Haufe Verlag.
[2]Vgl. Keß in Schwarz/Pahlke, AO § 347 Rz. 83 (Stand: 26.01.2017), Haufe Verlag.

5.1.3   Vorsicht: Verwaltungsakte, für die kein Einspruch möglich ist

Allerdings gibt es von dem Grundsatz, dass gegen einen Verwaltungsakte der Einspruch gegeben ist, auch Ausnahmen. Davon kommen die nachfolgenden drei am häufigsten in der Praxis vor, nämlich:

* Einspruchsentscheidungen,
* Nichtentscheidungen über einen Einspruch und
* Allgemeinverfügungen.

▶   **Hinweis** Wenn Sie eine Einspruchsentscheidung in Händen halten, bedeutet dies, dass das außergerichtliche Rechtsbehelfsverfahren damit abgeschlossen ist. Weitere Einwendungen können dann nur noch beim Finanzgericht vorgetragen werden.

Gleiches gilt, wenn das Finanzamt über Ihren Einspruch nicht entscheidet. Man spricht bei Gericht daher auch von der sog. Untätigkeitsklage.

Allgemeinverfügungen als dritter Ausnahmetatbestand kommen meist dann zum Tragen, wenn sog. Massenrechtsbehelfe vorliegen. Das bedeutet, dass beim Finanzamt eine Vielzahl von Einsprüchen zu ein und derselben Streitfrage eingehen. Dies betrifft meist Musterprozesse, die vor dem EuGH, dem BVerfG oder dem BFH anhängig sind, wie z. B. das Verfahren zur Frage, ob die Höhe der Nachzahlungszinsen nach § 233a AO verfassungsgemäß ist.[3]

Allgemeinverfügungen erlauben es der Finanzbehörde, alle Rechtsbehelfe, die sich auf eine Rechtsfrage beziehen, schneller und ohne großen Verwaltungsaufwand zu beenden (vgl. Tz. 10.3.3). Wer sich damit in seinen Rechten verletzt fühlt, findet sich ebenfalls beim Finanzgericht wieder.

Beispiel

Eine Allgemeinverfügung vom 18.01.2019 der obersten Finanzbehörden der Länder stellt u. a. folgendes klar:

„Am 18.1.2019 anhängige und zulässige Einsprüche gegen die Feststellung des Einheitswerts für inländischen Grundbesitz oder die Festsetzung des Grundsteuermessbetrags werden hiermit zurückgewiesen, soweit mit den Einsprüchen geltend gemacht wird, die Vorschriften über die Einheitsbewertung des Grundvermögens (§ 19 Abs. 1, §§ 68 und 70, § 129 Abs. 2 BewG) verstoßen gegen das Grundgesetz."

In der Allgemeinverfügung findet sich der Hinweis: „Gegen diese Allgemeinverfügung können die von ihr betroffenen Steuerpflichtigen Klage erheben. Ein Einspruch ist insoweit ausgeschlossen."

---

[3]Az des BVerfG: 1 BvR 2237/14 und 1 BvR 2422/17.

5.1.4 Das Wichtigste in Kürze

Das Einspruchsverfahren ist nur in zwei Fällen möglich: zum einen, wenn ein Verwaltungsakt angegriffen wird und zum anderen wenn sich der Einspruchsführer gegen den Nichterlass eines Verwaltungsaktes wegen Untätigkeit des Finanzamtes wendet.

▶ **Hinweis** Denken Sie aber daran, dass für bestimmte Verwaltungsakte der Einspruch wie auch der Untätigkeitseinspruch ausgeschlossen ist, vgl. hierzu Abschn. 5.1.3.

Die Abgrenzung zwischen einem Verwaltungsakt und einem (Nicht-)Verwaltungsakt ist schwierig. Da aber nur Verwaltungsakte ein Rechtschutzbedürfnis entfalten, zeigt die nachfolgende Tab. 5.1 die wichtigsten Anwendungsfälle aus der Praxis auf.

Tab. 5.1 Zusammenfassende Übersicht

Einspruchsfähige Verwaltungsakte	Nicht einspruchsfähige Verwaltungsakte
Steuer- und Feststellungsbescheide	Einspruchsentscheidung
Haftungs- und Duldungsbescheide	Allgemeinverfügungen
Zinsbescheide	Prüfungsberichte (vgl. AEAO zu § 202)
Abrechnungsbescheide	Niederschlagung
Entscheidung über die Aussetzung der Vollziehung	Unverbindliche Rechtsauskünfte
Widerruf einer Stundung oder deren Ablehnung	Mitteilung über die ergebnislose Prüfung
Widerruf eines Verwaltungsaktes	Aufrechnungserklärung nach § 226 AO
Ablehnung von Billigkeitsmaßnahmen	Fristsetzung nach § 364b AO
Entscheidungen über einen Antrag auf schlichte Änderung	
Ablehnung der Erteilung einer verbindlichen Auskunft bzw. gegen die erteilte verbindliche Auskunft selbst	
Gebührenfestsetzung bei einer verbindlichen Auskunft	
Ablehnung eines Antrags auf Akteneinsicht	
Prüfungsanordnung	
Festlegung des Prüfungsbeginns	
Festlegung des Prüfungsorts	
Aufforderung zur Abgabe einer Steuererklärung	
Pfändungsverfügungen	

5.2   Form

In Bezug auf die formalen Anforderungen eines Einspruchs wird zwischen Muss- und Kannbestimmungen unterschieden.

Das ist deshalb von praktischer Bedeutung, da für die Zulässigkeit des Einspruchs die Mussbestimmungen zwingend im Einspruchsschreiben zu finden sein müssen, während das Fehlen von Kannbestimmungen keinen Einfluss auf die Zulässigkeit des Einspruchs haben.

5.2.1   Mussbestimmungen

Die Mussbestimmungen sind anhand des Wortes „ist" im Gesetzeswortlaut zu erkennen und bestehen aus:

- dem Schriftformerfordernis und
- der Erkennbarkeit des Einspruchsführers.

5.2.1.1 Schriftformerfordernis

Dem Schriftformerfordernis kann man auf zwei Arten nachkommen: entweder durch die Erklärung zur Niederschrift beim Finanzamt oder aber durch die schriftliche Einspruchs-erhebung.

Bei der Niederschrift trägt der Bürger seine Einwendungen mündlich dem Finanz-beamten vor, der eine Mitschrift davon erstellt. Diese muss der Steuerbürger dann unterschreiben. Wie eine solche Niederschrift aussieht, ist bei den Arbeitshilfen unter Abschn. 13.15 ersichtlich.

Entscheidet man sich jedoch für den Normalfall der schriftlichen Einspruchs-erhebung, hat man die Qual der Wahl. Dann sind folgende Varianten denkbar:

- Postalisch,
- per E-Mail,
- per Fax, oder
- per Telegramm.

Die meisten entscheiden sich für den klassischen Weg der Einlegung in Papierform und Übersendung durch die Post oder Einwurf in den Briefkasten des Finanzamtes.

Aber im Zeitalter der Technik nehmen auch die Einsprüche via E-Mail immer mehr zu. Schließlich hat fast jeder Haushalt in Deutschland einen Internetanschluss. Das ist vor allem dann praktisch, wenn erst kurz vor Ablauf der Einspruchsfrist festgestellt wird, dass ein Einspruch eingelegt werden sollte. Dieser Weg geht aber nur, wenn das Finanz-amt über eine E-Mail-Adresse verfügt.

▶   **Tipp** Ob dies der Fall ist, können Sie unter www.finanzamt.de nachsehen. Dort finden Sie bei der Rubrik Finanzverwaltung der Länder unter dem jeweiligen Bundesland alle Finanzämter und wenn vorhanden auch die entsprechende E-Mail-Adresse Ihres Finanzamtes.

Wer sich dazu entscheidet, den Einspruch per E-Mail einzulegen, muss allerdings darauf achten, die E-Mail auch tatsächlich an die richtige Adresse zu senden. In einem Urteilsfall entschied das Finanzgericht München, dass ein Schreibfehler in der E-Mail-Adresse und hierdurch die fehlerhafte Übermittlung des Einspruchs zulasten des Steuerpflichtigen geht (FG München, Urteil vom 29.01.2019, 12 K 1888/18).

▶   Die E-Mail bedarf nach gängiger Rechtsprechung und Verwaltungsauffassung keine qualifizierte elektronische Signatur (vgl. Tz. 1 der AEAO zu § 357).

Die unrichtige Bezeichnung des Einspruchs ist im Übrigen unschädlich. Wird der Einspruch als Widerspruch, Beschwerde oder ähnliches bezeichnet, ist er deshalb nicht unzulässig.

Beispiel

Hans Mayer will Einspruch einlegen und schreibt: Hiermit lege ich Widerspruch ein.

Für das Finanzamt kann sich nur das Problem ergeben, zu erkennen, ob ein Einspruch vorliegt oder aber ein sog. Antrag auf schlichte Änderung. Dieser stellt nämlich eine Alternative zum Einspruch dar, hat aber andere Rechtsfolgen. Für Ausführungen hierzu vgl. Kap. 11. Kommt auch ein Antrag auf schlichte Änderung in Betracht, muss das Finanzamt das Schreiben im Zweifel als Einspruch auslegen, da der Einspruch den größeren Rechtsschutz bietet.

Übrigens: Als Alternative zum Einspruch kann das Schreiben auch als Rechtsbehelf bezeichnet werden. Beide Begriffe sind deckungsgleich.

5.2.1.2 Erkennbarkeit des Einspruchsführers

Das Erfordernis der Erkennbarkeit des Einspruchsführers ist für die sich daran anschließende Prüfung der Einspruchsbefugnis erforderlich. Da es genügt, wenn der Einspruchsführer aus dem Schreiben erkennbar ist, muss das Schreiben nicht zwingend die Unterschrift des Einspruchsführers tragen, wenn sich dieser aus dessen Inhalt ergibt.

Beispiel

Hans Vergesslich will Einspruch einlegen und wirft sein Schreiben am 13.08.2019 in den Briefkasten des Finanzamtes ein. Im Eifer des Gefechts hat Hans Vergesslich aber verschwitzt, sein Schreiben zu unterschreiben. Das Schreiben hat folgenden Wortlaut:

Sehr geehrte Damen und Herren,

gegen den Einkommensteuerbescheid 2018 v. 06.08.2019 (Steuernummer 123456789) lege ich hiermit fristgerecht Einspruch ein. Eine Begründung reiche ich Ihnen nach.

Mit freundlichen Grüßen

Hans Vergesslich

Musterstr. 10

7000 Musterhausen

Da er als Einspruchsführer eindeutig erkennbar ist, ist die fehlende Unterschrift unschädlich.

5.2.2   Kannbestimmungen

Die Kannbestimmungen umfassen:

- Die Bezeichnung des angefochtenen Steuerverwaltungsakts,
- die Angabe des Umfangs der Änderung bzw. seiner Aufhebung, und
- die Angabe der Gründe für die Einspruchserhebung und die Vorlage von Beweismitteln.

5.2.2.1 Bezeichnung des angefochtenen Verwaltungsakts

Vor allem bei Einsprüchen gegen Steuerbescheide ist es wichtig, im Schreiben zu vermerken, gegen welchen Bescheid sich der Einspruch richtet. Denn Steuerbescheide setzen sich gewöhnlich aus mehreren Einzelbescheiden zusammen.

Für einen umfassenden Rechtsschutz empfiehlt sich daher folgende Formulierung in der Betreffzeile:

- „Bescheid über Einkommensteuer, Kirchensteuer und Solidaritätszuschlag …"
- „Bescheid über Körperschaftsteuer und Solidaritätszuschlag"
- „Bescheid über Gewerbesteuermessbetrag"
- „Bescheid über Umsatzsteuer".

▶   **Hinweis** Wenn Sie hingegen nur gegen einen Bescheid, wie z. B. den Solidaritätszuschlag vorgehen möchten, beschränkt sich die Angabe in der Betreffzeile auf die Nennung dieses Bescheides. Führen Sie sich aber dabei vor Augen, dass dann Einwendungen gegen den Einkommensteuerbescheid ausgeschlossen sind. Im Zweifel daher lieber alle Bescheide in der Betreffzeile mit aufnehmen.

5.2.2.2 Angaben über den Änderungsumfang

Da es bei dem Einspruchsverfahren darum geht, eine Änderung des angefochtenen Steuerverwaltungsaktes zu erreichen, ist es ratsam, den Umfang der Änderung wenn möglich gleich zu beziffern. Geht es z. B. um die Nichtanerkennung von Werbungskosten genügt der Hinweis, um welchen Euro Betrag es geht.

Beispiel

Frank Fleißig stellt bei der Prüfung seines Einkommensteuerbescheids fest, dass ihm 500 EUR Werbungskosten nicht anerkannt wurden. Er legt Einspruch ein und beantragt, die 500 EUR als Werbungskosten zu berücksichtigen.

5.2.2.3 Einspruchsbegründung und Vorlage von Beweismitteln

Es überrascht vielleicht, dass die Einspruchsbegründung und die Vorlage von Beweismitteln lediglich zu den Kannbestimmungen zählen und ihr Fehlen dem Einspruch nicht schaden. Wenn man an dieser Stelle aber vorwegnimmt, dass auch ein zulässiger Einspruch, der keine Begründung enthält, das Finanzamt zur Überprüfung des angefochtenen Steuerverwaltungsaktes zwingt, mag das wiederum verständlicher sein.

Die Einspruchsbegründungen sind so vielfältig wie die Ursachen für das Einspruchsverfahren selbst. Sie reichen von der nachträglichen Vorlage von Quittungen über das Fehlen der Rechtsbehelfsbelehrung bis hin zum Vorbringen einer anderen Rechtsauffassung. Die Erfahrungen aus der Praxis zeigen hier, je ausführlicher die Begründung, desto schneller kann man mit einer Entscheidung über den Einspruch rechnen.

▶ **Hinweis** Enthält der Steuerverwaltungsakt einen Fehler, der ihn nichtig macht, genügt es, einen Antrag auf Feststellung der Nichtigkeit zu stellen. Ein Einspruch ist nicht erforderlich. Einen entsprechenden Musterantrag finden Sie unter den Arbeitshilfen unter Abschn. 13.9.

5.2.3 Fazit

Der Einspruch muss zwingend schriftlich oder zur Niederschrift erklärt werden. Diese beiden Formvorschriften müssen gegeben sein, damit Ihr Einspruch nicht als unzulässig verworfen wird.

Wurde eine sog. „Kannbestimmungen" vergessen, ist das unschädlich. Was Muss- und was Kannbestimmungen sind, fasst die Tab. 5.2 zusammen.

▶ **Wichtig** Auch wenn die Einspruchsbegründung und die Vorlage der Beweismittel nicht zu den Mussbestimmungen bei den Formvorschriften zählen, besitzen sie bei der Prüfung der Begründetheit des Einspruchs eine enorme Tragkraft. Denn ein zulässiger Einspruch kann immer noch unbegründet sein und damit das Einspruchsverfahren zum Scheitern verurteilen.

Tab. 5.2 Zusammenfassende Gegenüberstellung der Muss- und Kannbestimmungen

Mussbestimmungen	Kannbestimmungen
Erklärung zur Niederschrift oder Schriftform	Bezeichnung des angefochtenen Verwaltungs-aktes
Erkennbarkeit des Einspruchsführers (unrichtige Bezeichnung schadet nicht)	Antrag auf Aufhebung bzw. Änderung
	Angabe über den Umfang der begehrten Änderung
	Begründung des Einspruchs
	Angabe von Tatsachen und Vorlage von Beweismitteln

5.3 Einspruchsfrist

Die Rechtsgrundlagen zur Fristenberechnung finden sich sowohl in der AO als auch im Bürgerlichen Gesetzbuch (BGB) und zwar in den §§ 355 Abs. 1 Satz 1, § 122 Abs. 2 Nr. 1 AO und § 108 AO i. V. m. §§ 187 Abs. 1 und 188 Abs. 2 und 3 BGB.

Aus diesen Vorschriften erschließt sich folgender Merksatz:

> Die Einspruchsfrist beginnt mit Ablauf des Tages der Bekanntgabe des Verwaltungsaktes. Sie beträgt grundsätzlich ein Monat und endet regulär mit dem Tag, welcher durch seine Benennung oder seine Zahl im Folgemonat dem Bekanntgabetag entspricht.

Zugegebenermaßen wirkt das zunächst sehr komplex. Deshalb kann der Merksatz für die Fristberechnung in die nachfolgenden drei Kapitel unterteilt werden:

- Fristbeginn,
- Dauer und
- Fristende.

5.3.1 Fristbeginn

Für den Fristbeginn ist der sog. Tag der Bekanntgabe maßgebend, vgl. hierzu Abschn. 2.7. Weil er auch bei der Fristberechnung eine zentrale Rolle spielt, finden Sie oben stehende Übersicht in Abschn. 5.3 als kurze Wiederholung (Tab. 5.3).

Tab. 5.3 Fristbeginn

Form der Bekanntgabe	Fristbeginn
Schriftlich	Grds. Bescheiddatum + 3 Tage
• Steueranmeldungen mit Schwarzbetrag	Tag des Eingangs der Anmeldung
• Steueranmeldungen mit Rotbetrag	Tag der Gutschrift
Mündlich	Tag der Erteilung
Elektronisch	Tag der Absendung + 3 Tage
Förmlich:	
• Post mit Zustellungsurkunde	Tag lt. Zustellungsurkunde
• Post mittels Einschreiben	Tag lt. Rückschein oder Übergabetag
• Behörde mit Empfangsbekenntnis	Tag der Unterschrift
Öffentlich	Tag der Bekanntmachung + 2 Wochen

Nachdem der Bekanntgabetag bestimmt wurde, stellt sich die Frage, ob er bei der Fristberechnung mitzählt oder nicht. Die Antwort findet sich im BGB:

(1) Ist für den Anfang einer Frist ein Ereignis … maßgebend, so wird bei der Berechnung der Frist der Tag nicht mitgerechnet, in welchen das Ereignis … fällt.[4]

Die Einspruchsfrist beginnt daher immer erst mit Ablauf des Tages.

5.3.2 Dauer

Entscheidend für ein erfolgreiches Einspruchsverfahren ist zu wissen, wie lange die Einspruchsfrist läuft.

5.3.2.1 Monatsfrist
Grundsätzlich hat der Steuerpflichtige einen ganzen Monat Zeit, Einspruch einzulegen. Und das gilt auch für fehlerhafte Steuerverwaltungsakte, wenn diese eine Rechtsbehelfsbelehrung haben und der Fehler nicht zur Nichtigkeit führt.

▶ **Tipp** Geben Sie bei der Fristberechnung aber darauf Acht, nicht anstelle des Monats von vier Wochen auszugehen.

---

[4]Auszug aus § 187 BGB.

5.3.2.2 Jahresfrist

Sollte aber ausnahmsweise einmal die Rechtsbehelfsbelehrung nicht vorhanden oder fehlerhaft sein, hat der Steuerpflichtige mit Ablauf des Tages der Bekanntgabe ein ganzes Jahr Zeit, seinen Einspruch anzubringen.

Hinweis Der BFH hat bestätigt, dass eine Rechtsbehelfsbelehrung nicht den Hinweis enthalten muss, dass ein Einspruch auch per E-Mail möglich ist (BFH, Beschluss vom 12.12.2012, I B 127/12, BFH, Urteil vom 20.11.2013, X R 2/12). Die Thematik ist allerdings weiterhin strittig. Das Schleswig-Holsteinische Finanzgericht entschied, der fehlende Hinweis führe dazu, dass die Rechtsbehelfsbelehrung unrichtig sei (Schleswig-Holsteinisches FG, Urteil vom 21.06.2017, 5 K 7/16). Das FG Hamburg wiederum entschied, dass die Rechtsbehelfsbelehrung wirksam sei, auch wenn der Hinweis auf die Möglichkeit, den Einspruch elektronisch einzulegen, fehlt (FG Hamburg, Urteil vom 19.05.2016, 2 K 138/15). Grundsätzlich sollten Steuerpflichtige hier kein Risiko eingehen und im Zweifel innerhalb der Monatsfrist Einspruch einlegen.

5.3.2.3 Unbefristet

In zwei Fällen ist die Frist für die Einspruchserhebung sogar zeitlich unbegrenzt möglich. Zum einen betrifft dies den Untätigkeitseinspruch. Bei ihm gibt es nämlich abgesehen von dem Kriterium „binnen angemessener Frist" für die Erhebung selbst keine Zeitvorgaben. Zum anderen ist auch der Einspruch gegen nichtige Steuerverwaltungsakte zeitlich unbegrenzt möglich.

5.3.3   Zusammenfassung

Für die Dauer der Einspruchsfrist gilt also folgendes:

Dauer der Einspruchsfrist			
Einspruch			Untätigkeitseinspruch
Verwaltungsakte	Verwaltungsakte mit fehlender oder unrichtiger Rechtsbehelfsbelehrung	Nichtige Verwaltungsakte	
1 Monat	1 Jahr	Unbefristet	

5.3.4   Fristende

Zum Punkt Fristende lohnt der Blick in das Gesetz – ganz nach dem Motto „ein Blick in das Gesetz erleichtert die Rechtsfindung". Dort steht:

> (2) Eine Frist, die nach … Monaten oder nach einem … Jahr … bestimmt ist, endigt im Falle des § 187 Abs. 1 mit dem Ablauf desjenigen Tages … des letzten Monats, welcher durch seine Benennung oder seine Zahl dem Tag entspricht, in den das Ereignis … fällt.

(3) Fehlt bei einer nach Monaten bestimmten Frist in dem letzten Monat der für ihren Ablauf maßgebende Tag, so endigt die Frist mit dem Ablauf des letzten Tages dieses Monats.[5]

Die Einspruchsfrist endet damit immer mit Ablauf des Tages, der durch seine Benennung oder seiner Zahl dem Bekanntgabetag entspricht. Egal ob man einen Monat, ein Jahr oder keine Zeitvorgabe für die Einspruchserhebung hat. Fällt dieser Tag auf einen Samstag, Sonn- oder Feiertag verlängert sich das Fristende – wie auch der Fristbeginn – auf den nächsten Werktag.

Was passiert aber, wenn der Tag der Bekanntgabe im Folgemonat nicht vorhanden ist?

Beispiel

Der Tag der Bekanntgabe fällt auf den 31.01.2019.

Nach der Grundregel würde die Einspruchsfrist am 31.02.2019 enden. Da es den 31. im Februar aber nicht gibt, fällt der Bekanntgabetag auf den letzten Tag des Monats, d. h. auf den 28.02.2019.

Es ist also gerade der eh schon kurze Februar, der die Einspruchsfrist noch kürzer macht. Daher ist es auch wichtig, für die Fristberechnung nicht vier Wochen zugrunde zu legen, sondern strikt den Monat.

5.3.5 Anbringungsbehörde

Wenn das Fristende richtig berechnet wurde, ist man nur noch einen Schritt entfernt, das Kapitel Einspruchsfrist erfolgreich abzuschließen. Dazu muss der Einspruch beim richtigen Finanzamt landen, denn nur der rechtzeitige Eingang bei der für den Einspruch zuständigen Anbringungsbehörde wahrt die Einspruchsfrist.

5.3.5.1 Grundsatz

Der Einspruch muss zur Fristwahrung immer der Finanzbehörde vorliegen, die den angefochtenen Verwaltungsakt erlassen hat.

▶ **Hinweis** Wenn Sie sich nicht sicher sind, welche dies ist, werfen Sie im Zweifel einen Blick in die Rechtbehelfsbelehrung. Denn diese verrät Ihnen, welche Behörde dafür die richtige ist. Sie finden darin nämlich folgender Satz:

Der Einspruch ist bei dem vorbezeichneten Finanzamt oder bei der angegebenen Bearbeitungsstelle schriftlich einzureichen oder zur Niederschrift zu erklären.

Jetzt kann es aber passieren, dass ein Einspruch irrtümlich bei einem Finanzamt eingereicht wird, das für den Einspruch gar nicht zuständig ist.

---

[5]Auszug aus § 188 BGB.

▶   **Tipp** Wird der Einspruch vor Ablauf der Einspruchsfrist an das zuständige
    Finanzamt weitergeleitet, haben Sie Glück gehabt. Geht er jedoch dort ver-
    spätet ein, sind Sie damit raus aus der Einspruchsfrist. Das Risiko des recht-
    zeitigen Eingangs bei der richtigen Behörde tragen Sie.

Beispiel

Hans Mayer reicht sein Einspruchsschreiben am 09.01.2019 beim Finanzamt Freiburg-Stadt ein. Die Einspruchsfrist läuft am 11.01.2019 ab. Das richtige Finanzamt
ist jedoch das Finanzamt Freiburg-Land. Das Finanzamt Freiburg-Stadt bemerkt den
Fehler und sendet dem Finanzamt Freiburg-Land den Einspruch am 10.01.2019 zu.
Hans Mayer hat Glück gehabt – die Frist wurde noch gewahrt.

Kann das Finanzamt erkennen, dass es nicht zuständig ist und die zuständige Behörde
ermitteln, hat es den Einspruch unverzüglich weiterzuleiten. Tut es dies nicht und wird
deshalb die Einspruchsfrist versäumt, kommt Wiedereinsetzung in Betracht, vgl. hierzu
Abschn. 5.3.7.

5.3.5.2 Anbringungsbehörde bei Grundlagenbescheiden

Neben dem Grundsatz, dass die Anbringung bei einer unzuständigen Behörde nur bei
fristwahrender Weiterleitung das Einspruchsverfahren nicht vorzeitig beendet, gibt es
zwei Ausnahmen.

So können Einsprüche, die sich gegen Feststellungs- und Steuermessbescheide richten, fristwahrend auch bei der Behörde eingelegt werden, die den Steuerbescheid erlässt
(§ 357 Abs. 2 Satz 2 AO, vgl. auch Keß in Schwarz/Pahlke, AO § 357 AO Rz. 58 und 59,
Stand: 04.01.2019). Es genügt der Eingang vor Fristablauf. Wann der Einspruch tatsächlich beim Feststellungs-FA bzw. Steuermess-FA eingeht, spielt keine Rolle. Allerdings
werden in § 357 Abs. 2. Satz 2 AO ausschließlich Feststellungs- und Steuermessbescheide benannt. Es werden also nicht alle Grundlagenbescheide benannt. Im Zweifel
sollte hier der Steuerbürger kein Risiko eingehen und den Einspruch bei der Behörde
einlegen, die den Verwaltungsakt erlassen hat.

Beispiel

Heinz Schlau lebt in Heidelberg und ist an einer OHG beteiligt, die ihren Sitz in
Ludwigsburg hat. Für das Jahr 2018 entfällt auf ihn ein Beteiligungsgewinn i. H. v.
200 EUR. Wegen eines Schreibfehlers wird ihm jedoch im Feststellungsbescheid des
Finanzamt Ludwigsburgs ein Beteiligungsgewinn von 2000 EUR zugerechnet.

Das Finanzamt Heidelberg übernimmt diesen Fehler und erlässt bereits eine Woche
nach der Bekanntgabe des Feststellungsbescheids den geänderten Einkommensteuerbescheid. Heinz ist damit nicht einverstanden, sendet ein Einspruchsschreiben an das
Finanzamt Heidelberg und weist auf den Fehler hin. Der Einspruch geht noch vor
Fristablauf beim Finanzamt Heidelberg ein. Dort bleibt das Schreiben jedoch versehentlich 3 Wochen liegen. Das ist in diesem Fall unschädlich – die Frist ist gewahrt.

Geht der Einspruch aber auch hier weder beim Grundlagenbescheid-Finanzamt noch beim Folgebescheid-Finanzamt ein, wahrt nur die rechtzeitige Weiterleitung die Einspruchsfrist.

Beispiel

Sachverhalt wie oben. Heinz betreibt noch einen Getränkehandel in Mannheim und sendet seinen Einspruch versehentlich an das Finanzamt Mannheim. Das Finanzamt Mannheim leitet das Schreiben – nach Fristablauf – weiter. Die Einspruchsfrist für den Feststellungsbescheid ist leider abgelaufen.

▶ **Tipp** Bitte denken Sie aber in Bezug auf die Erfolgsaussichten daran, dass Sie Einwendungen gegen den Grundlagenbescheid nicht im Rahmen des Einspruchsverfahrens gegen den Folgebescheid vorbringen können.

5.3.5.3 Anbringungsbehörde beim Untätigkeitseinspruch

Im Falle eines Untätigkeitseinspruchs ist die richtige Anbringungsbehörde das Finanzamt, bei dem der Antrag gestellt wurde.

5.3.6 Fristenberechnung im Kurzüberblick

Die Fristenberechnung folgt einem sturen Schema. Zur Fehlervermeidung empfiehlt sich folgende Vorgehensweise:

1. Schritt: Bestimmung des Tags der Bekanntgabe als maßgebender Fristbeginn
Der Bekanntgabetag wird grundsätzlich anhand der sog. Dreitagesbekanntgabevermutung ermittelt. Bei einem späteren oder fehlenden Zugang ist auf den tatsächlichen Bekanntgabetag abzustellen. Fällt der Bekanntgabetag auf einen Samstag, Sonn- oder Feiertag verschiebt sich der Bekanntgabetag auf den nächsten Werktag.
Die Einspruchsfrist beginnt mit Ablauf des Bekanntgabetages, d. h. mit Ablauf von 24 Uhr.

2. Schritt: Bestimmung der Dauer der Einspruchsfrist
Die Einspruchsfrist beträgt grundsätzlich einen Monat, kann sich aber in Ausnahmefällen auf ein Jahr verlängern.

3. Schritt: Bestimmung des Endes der Einspruchsfrist
Das Ende der Einspruchsfrist fällt auf den Tag, der im darauffolgenden Monat dem Tag der Bekanntgabe entspricht. Ist dieser Tag nicht vorhanden, endet er am letzten Tag des Monats. Fällt das Fristende auf einen Samstag, Sonn- oder Feiertag verschiebt sich das Ende auf den nächsten Werktag.

Schematisch lässt sich das Ganze auch wie folgt darstellen:

Tag der Aufgabe zur Post
+ 3 Tage
+ Verlängerung auf den nächsten Werktag
= fiktiver Bekanntgabetag, oder tatsächlicher späterer Bekanntgabetag
+ 1 Monat oder 1 Jahr
= reguläres Fristende
+ Verlängerung auf den nächsten Werktag
= tatsächliches Fristende

▶ **Tipp** Für Steuerberater gilt: Fristenbücher helfen nicht nur bei der sicheren Berechnung, sondern auch dabei einen Überblick zu bewahren. Aber auch alle anderen Steuerbürger sollten die Frist im Auge behalten, z. B. durch einen Eintrag im Kalender.

5.3.7 Fristversäumnis – Wiedereinsetzung in den vorherigen Stand

Im Unterschied zu anderen steuerlichen Fristen, handelt es sich bei der Einspruchsfrist um eine gesetzliche Frist. Die Besonderheit bei gesetzlichen Fristen ist, dass diese nicht verlängert werden können.

Wird die Frist versäumt, steht man erst mal vor dem Problem, dass ein Einspruch nicht mehr möglich ist. Das gilt selbst bei kurzen Fristversäumnissen von einem Tag oder einer Minute.

Da es jedoch Fälle gibt, in denen die Fristversäumnis unverschuldet eingetreten ist, gibt es eine Regelung, die alles wieder so stellt, als sei die Einspruchsfrist noch nicht abgelaufen. Diese Regelung nennt sich Antrag auf Wiedereinsetzung in den vorherigen Stand und ist in § 110 AO zu finden.

Bei der Wiedereinsetzung in den vorherigen Stand handelt es sich nicht um eine Fristverlängerung. Vielmehr wird die Möglichkeit der Einspruchserhebung wiederhergestellt.

Beispiel

Hans Mayer findet Sonntagnacht um 23:55 Uhr seinen Steuerbescheid bei einer Aufräumaktion wieder und stellt dabei fest, dass ihm nachgewiesene Betriebsausgaben nicht berücksichtigt wurden. Laut Bescheiddatum läuft die Einspruchsfrist noch an diesem Abend ab. Schnell setzt er sich an den Schreibtisch und verfasst noch einen Einspruch. Diesen faxt er eine Minute vor zwölf weg. Auf seinem Bestätigungsbericht steht als Absendedatum 23:59 Uhr. Beim Finanzamt geht allerdings der Einspruch erst zwei Minuten danach, d. h. um 0:02 Uhr ein.

Der Einspruch ist aus Sicht des Finanzamtes verspätet eingegangen. Um noch in den Genuss des Einspruchsverfahrens zu kommen, sind die Voraussetzungen für einen Antrag auf Wiedereinsetzung zu prüfen.

5.3.7.1 Voraussetzungen

Für eine Wiedereinsetzung in den vorherigen Stand gelten nachfolgende Voraussetzungen:

- Vorliegen einer gesetzlichen Frist,
- Fristversäumnis durch den Steuerpflichtigen,
- Verhinderung an der Einhaltung der Frist,
- Kein Verschulden am Fristversäumnis,
- Antragstellung innerhalb eines Monats nach Wegfall des Hindernisses,
- Nachholung der versäumten Handlung innerhalb der Monatsfrist.

Wie aus der Aufzählung bereits entnommen werden kann, sind die Voraussetzungen sehr umfangreich und komplex, insbesondere in Bezug auf die Verschuldensfrage.

5.3.7.2 Gesetzliche Frist

Zunächst einmal muss es sich um eine gesetzliche Frist handeln. Dazu zählen Handlungs- und Erklärungsfristen, wie z. B.

- Einspruchsfrist,
- Frist für die Antragsveranlagung in der Einkommensteuer,
- Frist für einen Antrag auf Vorsteuervergütung für Unternehmer.

5.3.7.3 Fristversäumnis

Als zweites Kriterium muss die Einspruchsfrist bereits verstrichen sein. Dies kann leicht geprüft werden. Zur Einspruchsfrist vgl. Abschn. 5.3.

5.3.7.4 Verhinderung

Drittens muss der Antragsteller an der Einhaltung der Frist objektiv gehindert gewesen sein. Es kommen physische und psychische Hindernisse in Betracht. Eine bloße Erschwernis reicht jedoch nicht. In Betracht kommen können beispielsweise Erkrankung, Abwesenheit, Unfall, Unkenntnis als Verhinderungsgründe (vgl. OFD Frankfurt, Verfügung vom 31.01.2018, S 0262 A – 1 – St 23).

> **Beispiel**
>
> Der Antragsteller hat sich das Schulterbein gebrochen und macht geltend, dass er deshalb die Einspruchsfrist versäumt habe.

Durch den Bruch ist zwar die Abgabe von schriftlichen Erklärungen erschwert, unmöglich ist sie aber nicht. Das Kriterium Verhinderung liegt daher nicht vor.

5.3.7.5 Kein Verschulden

Das vierte Kriterium des Nichtverschuldens ist am schwierigsten. Die Finanzverwaltung hat zur Verschuldensfrage wie folgt Stellung genommen (OFD Frankfurt, 31.01.2018, S 0262 A – 1 – St 23):

> Die Verhinderung am Einhalten der Frist muss ohne Verschulden erfolgt sein, um Wiedereinsetzung zu erlangen, vgl. § 110 Abs. 1 Satz 1. Der Verschuldensbegriff i.S. des § 110 AO umfasst Vorsatz und Fahrlässigkeit. Es reicht bereits einfache Fahrlässigkeit aus. Fahrlässig handelt, wer die nach den vorliegenden besonderen Umständen und den personellen Verhältnissen gebotene und ihm zumutbare Sorgfalt außer Acht lässt.

Der Antragsteller muss also die Fristversäumnis vorsätzlich oder fahrlässig verursacht oder mitverursacht haben. Dabei genügt ein leichtfertiges Verhalten, um die Wiedereinsetzung auszuschließen.

Generell zeigt sich bei diesen Umschreibungen, dass es sich hier um Einzelfallentscheidungen handelt. Denn meist gleicht kein Fall dem anderen.

▶ **Hinweis** Um Ihnen ein Gespür für diese Abgrenzung bei der Verschuldensfrage geben zu können, finden Sie nachfolgend einige Praxisbeispiele. Damit lassen sich die für Sie wichtigsten Anwendungsfälle im eigenen Bedarfsfall gut meistern.

Abwesenheit wegen Urlaub oder Geschäftsreise

Wer länger urlaubsbedingt oder aufgrund von Geschäftsreisen abwesend ist, muss Vorkehrungen dafür treffen, dass während seiner Abwesenheit jemand nach seiner Post sieht. Wer dies versäumt, handelt nicht schuldlos. Die Wiedereinsetzung scheidet aus (vgl. OFD Frankfurt, 31.01.2018, S 0262 A – 1 – St 23).

Alter

Alter und Senilität sind regelmäßig kein Grund für eine Wiedereinsetzung (vgl. BFH, Beschluss v. 05.04.1991, VII B 132/90).

Arbeitsüberlastung

Arbeitsüberlastung ist grundsätzlich kein Wiedereinsetzungsgrund, und zwar egal woher diese herrührt (vgl. Schwarz, in Schwarz/Pahlke, AO, § 110 AO Rz. 22, Stand: 10.06.2010).

Erkrankung

Eine Erkrankung kann eine Fristversäumnis nur dann entschuldigen, wenn sie plötzlich auftritt und mit ihr nicht gerechnet werden musste und wenn sie so schwer war, dass weder die Wahrung der laufenden Fristen noch die Bestellung eines Dritten, der sich um sie kümmern konnte, möglich war (z. B. Schlaganfall, vgl. OFD Frankfurt, 31.01.2018, S 0262 A – 1 – St 23).

Fehlende Begründung des Verwaltungsaktes

Hier liegt ein Wiedereinsetzungsgrund vor (vgl. Schwarz, in Schwarz/Pahlke, AO, § 110 AO Rz. 42, Stand: 10.06.2010, Haufe Verlag). Fehlt zudem noch die Rechtsbehelfsbelehrung, ist der Antrag auf Wiedereinsetzung nur zu stellen, wenn die Einspruchsfrist von einem Jahr versäumt wurde.

Beispiel

Das Finanzamt erlässt einen Steuerbescheid, in dem es Betriebsausgaben i. H. v. 3500 EUR nicht anerkannt hat, ohne dies zu begründen. Der Adressat erkennt die Streichung der Betriebsausgaben erst nach Ablauf der Einspruchsfrist.

Kurze Fristüberschreitung

Hier gilt das Motto: Versäumt ist versäumt. Selbst die kleinste Fristversäumnis von einer Sekunde stellt allein keinen Wiedereinsetzungsgrund dar (vgl. hierzu auch Schwarz, in Schwarz/Pahlke, AO, § 110 AO Rz. 33, Stand: 10.06.2010).

Anders liegt der Fall, wenn es um eine Fristversäumnis wegen Einspruchserhebung bei einer unzuständigen Behörde geht. Kann die unzuständige Behörde leicht und einwandfrei feststellten, dass sie unzuständig ist und die zuständige Behörde ausfindig machen, liegt ein Wiedereinsetzungsgrund vor, wenn der Einspruch nicht unverzüglich weitergeleitet wird. Die Schwierigkeit daran ist, dies dem Finanzamt nachzuweisen. Hier lohnt ein Antrag auf Akteneinsicht.

Hinzuziehung von Hilfspersonen

Die OFD Frankfurt weist darauf hin, dass wenn eine Hilfsperson (d. h. eine nicht zur Vertretung bestellte oder beauftragte Person) bei fristwahrenden Maßnahmen tätig wird, deren Verschulden dem Beteiligten nicht zugerechnet wird. Allerdings muss die Hinzuziehung sachgerecht sein und der Beteiligte muss die Hilfspersonen in zumutbarer Weise unterweisen und beaufsichtigen (vgl. OFD Frankfurt, 31.01.2018, S 0262 A – 1 – St 23).

Organisationsverschulden

Bevollmächtigte müssen den Bürobetrieb so organisieren, dass Fristversäumnisse ausgeschlossen sind. Ein Fristenkontrollbuch ist dabei unerlässlich (vgl. OFD Frankfurt, 31.01.2018, S 0262 A – 1 – St 23).

Rechtsirrtum

Irrtümer über das materielle Recht führen nicht zu einer Wiedereinsetzung, und zwar auch nicht, wenn der Steuerbürger die rechtserhebliche Tatsache noch nicht kannte. In diesen Fällen sind die Korrekturvorschriften zu prüfen.

Irrt jemand über das Ende der Rechtsbehelfsfrist oder deren Berechnung, liegt ein Wiedereinsetzungsgrund vor, wenn der Irrtum entschuldbar war (vgl. BFH, Urteil vom 20.02.2001, IX R 48/98)

Verzögerung im Postverkehr

Geht der Einspruch per Post verspätet beim Finanzamt ein, liegt ein Wiedereinsetzungsgrund vor, wenn er rechtzeitig abgesendet wurde, d. h. unter Beachtung der normalen
Brieflaufzeiten.

▶ **Wichtig** Steht Weihnachten vor der Tür, ein Feiertag, ein Wochenende oder
   ist ein Streik bei der Post angekündigt, müssen Sie jedoch längere Laufzeiten
   einplanen (vgl. hierzu auch Schwarz, in Schwarz/Pahlke, AO, § 110 AO Rz. 35
   und 36, Stand: 10.06.2010, Haufe Verlag).

Wurde ein Einspruch per Fax erhoben, geht der aber beim Finanzamt wegen eines
Defektes beim Empfängergerät nicht ein, liegt ebenfalls ein Wiedereinsetzungsgrund vor.
Bei Faxeinlegung ist die Aufbewahrung des Sendeberichts zu empfehlen.

Verschulden eines Vertreters

Im Verfahrensrecht gilt der Grundsatz, dass das Verschulden des Vertreters dem Ver-
tretenen zuzurechnen ist. Für die Wiedereinsetzungsgründe wird hierfür zwischen Personen ohne Vertretungsmacht, vertretungsberechtigten Hilfspersonen und den steuerlichen
Beratern unterschieden. Im Einzelfall gilt:

- **Personen ohne Vertretungsmacht:** Ein Wiedereinsetzungsgrund ist zu bejahen,
  wenn Auswahl, Einsatz und Überwachung ordnungsgemäß war:
  Beispiel: Unternehmer Ulli Stein beauftragt seine pflichtbewusste und sehr zuver-
  lässige Tochter damit, seinen Einspruch beim Finanzamt in den Briefkasten zu werfen.
- **Vertretungsberechtigte Hilfspersonen:** Hier ist ein Wiedereinsetzungsgrund
  gewöhnlich nicht gegeben.
- **Steuerliche Berater:** Ein Fristversäumnis ist bei einem Versehen im Bürobetrieb entschuldbar, wenn die Einhaltung der gesetzlichen Fristen durch ein ordnungsgemäße
  Büroorganisation sichergestellt war. Keine Wiedereinsetzung erfolgt jedoch bei Fehlen eines Fristenkontrollbuchs oder einer vergleichbaren Einrichtung. Bei falschem
  Fristeintrag wird Wiedereinsetzung nur gewährt, wenn kein Organisationsmangel vorliegt. Bei Überwachungsfehler gilt dies nur, wenn es sich ansonsten um eine zuver-
  lässige Bürokraft und um ein reines Büroversehen handelt.

Ist die Fristversäumnis entschuldbar, gilt es die weiteren formellen Anforderungen zu erfüllen.

5.3.7.6 Antragstellung und Frist

Dazu zählt grundsätzlich die Antragstellung. Da hierfür keine besonderen Formvorschriften vorgesehen sind, kann der Antrag mündlich, fernmündlich,schriftlich oder zur
Niederschrift an der Amtsstelle gestellt werden. Anzubringen ist er bei dem Finanzamt,
das den Verwaltungsakt erlassen hat und zwar innerhalb eines Monats nach dem Wegfall
des Hindernisses.

Innerhalb dieser Frist ist auch die versäumte Rechtshandlung – gemeint ist die Einspruchserhebung – nachzuholen und der Antrag zu begründen. Für die Begründung reicht jedoch eine Glaubhaftmachung der Wiedereinsetzungsgründe. Ein Beweis darüber ist nicht erforderlich.

Aber auch ohne Antrag hat das Finanzamt Wiedereinsetzung zu prüfen, wenn die unterlassene Rechtshandlung innerhalb der einmonatigen Antragsfrist vorgenommen wird. Wegen des Begründungszwangs empfiehlt sich dennoch immer die Antragsstellung.

Nach Ablauf einer einjährigen Frist nach Wegfall des Hindernisses kommt eine Wiedereinsetzung nicht mehr in Betracht, es sei denn, dies war vor Ablauf der Jahresfrist infolge höherer Gewalt unmöglich. In der Praxis kommen solche Fälle jedoch sehr selten vor.

5.4   Wer darf Einspruch einlegen?

Das Recht zur Einspruchserhebung ist auf bestimmte Personen begrenzt und steht nicht jedem zu.

Um diese(n) Person(en) auszumachen, muss man etwas zwischen dem Gesetzestext lesen, denn dieser spricht die Befugnis demjenigen zu, der eine Beschwer geltend macht, ohne näheres zu erläutern. Lediglich für Rechtsnachfolger und Feststellungsbeteiligte gibt die AO zu erkennen, wer damit gemeint ist. Das liegt aber daran, dass hier auch Sonderregelungen zu beachten sind.

Wer also ist unser gesuchter Mister X?

5.4.1   Grundsatz

Um den Kreis der Verdächtigen etwas einzugrenzen, merkt man sich am Besten, dass diese Person immer eine Eigenschaft besitzen muss: Sie muss durch den Verwaltungsakt persönlich beschwert sein. Es lohnt daher ein genauer Blick auf die Personen, die im Verwaltungsakt genannt sind. Ist dies nur eine Person, ist es nicht schwer, den Einspruchsbefugten auszumachen.

Beim Erlass eines Steuerverwaltungsaktes unterscheidet die Finanzverwaltung zwischen

- dem Inhaltsadressaten, d. h. derjenige, gegen den sich der Verwaltungsakt richtet (= Steuerschuldner)
- dem Bekanntgabeadressaten, d. h. derjenige, an den der Verwaltungsakt bekannt zu geben ist und
- dem Empfänger,d. h. derjenige, an den der Verwaltungsakt zu übermitteln ist.

Diese drei können, müssen aber nicht identisch sein. Ist letzteres der Fall, obliegt die Einspruchsbefugnis dem Inhaltsadressat, da der Verwaltungsakt inhaltlich nur für ihn bestimmt ist. Wahrgenommen werden kann diese Einspruchsbefugnis aber auch durch andere, wie aus nachfolgendem Beispiel entnommen werden kann:

Beispiel

Hans Schulz beauftragt den Steuerberater Fleißig mit der Erstellung und Abgabe seiner Einkommensteuererklärung. Da er sich mit dem Finanzamt nicht beschäftigen will, erteilt er dem Berater auch gleich Empfangsvollmacht und das Recht zur Vertretung im Einspruchsverfahren.

Die Einspruchsbefugnis steht nur Hans Schulz zu. Er kann selbst Einspruch einlegen oder aber sein Steuerberater tut dies in seinem Namen. Einspruch einlegen können damit beide, aber nur in Namen von Schulz.

5.4.1.1 Ehegatten

Richtet sich ein Verwaltungsakt an mehrere Inhaltsadressaten, wie das bei Ehegatten der Fall ist, ist grundsätzlich jeder Adressat selbstständig einspruchsbefugt (Keß, in Schwarz/Pahlke, AO, § 350 AO Rz. 10a, Stand: 26.01.2017, Haufe Verlag). Bei Ehegatten muss jedoch folgende Besonderheit beachtet werden: Die Einspruchserhebung des einen hat nicht automatisch auch Wirkung für den anderen. D. h. soll der Einspruch des einen Ehegatten auch für den anderen gelten, muss dies klar und deutlich zum Ausdruck gebracht werden.

Das ist besonders bei Einkommensteuerbescheiden relevant, wenn die Ehegatten in der Einkommensteuererklärung die Zusammenveranlagung wählen. Dann erhält nicht jeder Ehegatte einen Steuerbescheid, sondern es ergeht nur eine Ausfertigung des Steuerbescheids an die gemeinsame Anschrift. Damit nicht beide Ehegatten Einspruch einlegen müssen, sollte folgenden Hinweis aufgenommen werden: „hiermit lege ich für mich und meinen Ehegatten gegen den oben genannten Verwaltungsakt Einspruch ein…“.

Beispiel

Paul und Paula Panther geben in ihrer gemeinsamen Einkommensteuererklärung einen Vermietungsverlust aus einer Ferienwohnung von 3000 EUR an. Das Finanzamt erkennt den Verlust mit Hinweis auf Liebhaberei nicht an. Paula ist auf einer Erholungskur. Paul Panther sendet dem Finanzamt deshalb ein Schreiben, das den Wortlaut enthält:

„Hiermit lege ich für mich und meine Ehegattin Paula Panther Einspruch gegen o. g. Verwaltungsakt ein."

Paula unterschreibt dieses Schreiben nicht. Dies ist jedoch unschädlich – der Einspruch ist zulässig.

5.4.1.2 Minderjährige

Bei Minderjährigen, die bereits Einkünfte erzielen und Steuererklärungen abzugeben haben, stellt sich in Bezug auf die Einspruchsbefugnis das Problem, dass sie selbst nicht Einspruch einlegen können. Denn dafür muss man handlungsfähig sein und das ist nach dem BGB erst nach der Vollendung des 18. Lebensjahrs der Fall. Bis dahin müssen die gesetzlichen Vertreter der Minderjährigen die Einspruchsbefugnis wahrnehmen.

Beispiel

Jan Klein ist 9 Jahre alt, bezieht jedoch Einkünfte aus Vermietung und Verpachtung. Seine Eltern Walter und Ursula Klein haben deshalb für ihn eine Steuererklärung abgegeben. Dabei wurden Werbungskosten für Erhaltungsaufwendungen in Höhe von 3000 EUR angegeben. Das Finanzamt hat jedoch – zu Unrecht – nur 2000 EUR anerkannt.

Walter und Ursula Klein legen deshalb als gesetzliche Vertreter von Jan Klein Einspruch ein.

5.4.1.3 Gesellschaften

Bei Kapitalgesellschaften gilt: Auch wenn sie selbst das Steuersubjekt sind, nehmen ihre steuerlichen Pflichten – und dazu zählt auch die Einspruchsbefugnis – die gesetzlichen oder bestellten Vertreter wahr. Bei der GmbH ist dies der Geschäftsführer und bei der Aktiengesellschaft der Vorstand.

▶   **Hinweis** Sind mehrere Personen nur gemeinschaftlich vertretungsbefugt, sind sie auch nur gemeinsam einspruchsbefugt (Keß, in Schwarz/Pahlke, AO, § 350 AO Rz. 11, Stand: 26.01.2017, Haufe Verlag). Das ist bei allen Gesellschaftsformen so.

Bei Personengesellschaften und -gemeinschaften kann der gegen die Gesellschaft bzw. Gemeinschaft gerichtete Steuerbescheid grundsätzlich nur durch einen gemeinschaftlich von allen Gesellschaftern eingelegten Einspruch angefochten werden. Ist jedoch ein von allen Mitgliedern genannter Geschäftsführer i. S. d. § 34 AO vorhanden, genügt dessen Einspruch (vgl. hierzu auch Tz. 2 der AEAO zu § 352). Folgender Sonderfall ist jedoch in diesem Zusammenhang zu beachten:

5.4.2   Einspruchsbefugnis bei der einheitlichen und gesonderten Feststellung

Der Sonderfall betrifft die Feststellung des Gewinns oder Verlusts aus einer Beteiligung an einer Personengesellschaft oder Gemeinschaft. Diese Feststellung trifft nicht das Finanzamt des Gesellschafters, sondern das der Personengesellschaft und zwar durch den sog. Feststellungsbescheid.

Gegen diesen Feststellungsbescheid ist der Einspruch zulässig. Allerdings steht die Einspruchsbefugnis nicht allen Gesellschaftern zu, sondern grundsätzlich nur einem. Verständlich, denn bei Gesellschaften mit vielen Beteiligten würde das eine Flut von Einsprüchen beim Finanzamt bedeuten.

Wer kommt also für die Einspruchsbefugnis bei der einheitlichen und gesonderten Feststellung in Betracht? Antwort: Nur die nachfolgenden Personen:

- Die zur Vertretung berufenen Geschäftsführer,
- der Empfangsbevollmächtigte,
- jeder Feststellungsbeteiligte, und
- ausgeschiedene Gesellschafter.

Allerdings sind nicht alle vier gleichzeitig einspruchsbefugt. Vielmehr steht die Einspruchsbefugnis grundsätzlich nur einem zu. Die Einspruchsbefugnis der anderen wird dann eingeschränkt oder ausgeschlossen. Um hier den Überblick zu bewahren, empfiehlt sich folgende Vorgehensweise:

5.4.2.1 Vertretungsberechtigter Geschäftsführer

Verfügt die Personengesellschaft über einen vertretungsberechtigten Geschäftsführer, ist dieser einspruchsbefugt.

Es gibt aber auch Gesellschaftsformen, bei denen das Gesetz alle Gesellschafter als zur Vertretung berufene Gesellschafter bestellt. So bei der Gesellschaft des bürgerlichen Rechts (GbR). Dann können nur die Gesellschafter gemeinsam Einspruch einlegen. Es sei denn, im Gesellschaftsvertrag haben die Gesellschafter diesbezüglich eine abweichende Regelung getroffen. Es lohnt daher immer auch ein Blick in den Gesellschaftsvertrag.

Im Unterschied zu den Personengesellschaften haben Gemeinschaften wie die Erben- und die Grundstücksgemeinschaft keinen Geschäftsführer. Für sie gilt dann:

5.4.2.2 Empfangsbevollmächtigter

Ist kein zur Vertretung berufener Geschäftsführer vorhanden, ist auf den Empfangsbevollmächtigten abzustellen, wobei das Gesetz drei Arten von Empfangsbevollmächtigten unterscheidet. Damit auch hier nicht alle gleichzeitig Einspruch einlegen können, sieht das Gesetz für die Einspruchsbefugnis folgende Reihenfolge vor. Einspruchsbefugt ist:

- zunächst der von den Beteiligten bestellte,
- dann der gesetzlich fingierte, und
- zuletzt der vom Finanzamt bestimmte Empfangsbevollmächtigte.

Gemeinsamer Empfangsbevollmächtigter

Haben die Feststellungsbeteiligten einen gemeinsamen Empfangsbevollmächtigten bestellt, steht die Einspruchsbefugnis nur ihm zu. Allerdings muss das Finanzamt dem Belehrungsgebot über seine Einspruchsbefugnis nachgekommen sein. Denn dazu ist es durch das Gesetz verpflichtet.

Tut es dies nicht, fällt die Beschränkung weg und alle Feststellungsbeteiligte sind wieder einspruchsbefugt. Dies gilt auch für die Beteiligte, die der Vollmacht des Empfangsbevollmächtigten widersprechen.

Gesetzlich fingierter Empfangsbevollmächtigter

Haben die Feststellungsbeteiligten keinen gemeinsamen Empfangsbevollmächtigten bestellt oder ist ein solcher nicht mehr vorhanden, steht die Einspruchsbefugnis dem gesetzlich fingierten Empfangsbevollmächtigten zu.

Dies gilt nicht, wenn der gesetzlich fingierte Empfangsbevollmächtigte Geschäftsführer ist. Denn die Einspruchsbefugnis als Geschäftsführer geht der als Empfangsbevollmächtigten vor.

Widerspricht ein Feststellungsbeteiligter seiner Einspruchsbefugnis, darf er wieder für sich selbst Einspruch erheben. Für die Übrigen nimmt der gesetzlich Fingierte sie weiterhin wahr.

▷   **Merke** Neben dem gesetzlich fingierten kann nur der widersprechende Beteiligte Einspruch erheben.

Vom Finanzamt bestimmter Empfangsbevollmächtigte

Ist auch ein gesetzlich fingierter Empfangsbevollmächtigter nicht vorhanden, steht die Einspruchsbefugnis dem Empfangsbevollmächtigten zu, den das Finanzamt bestimmt hat.

Da bekanntlich aller guter Dinge drei sind, muss auch hier das Finanzamt dem Belehrungsgebot über dessen Einspruchsbefugnis nachgekommen sein. Darüber hinaus dürfen die Feststellungsbeteiligten nicht widersprechen. Soweit Einspruch erhoben wird, sind diese neben dem vom Finanzamt Bestellten einspruchsbefugt.

Benennen die Beteiligte aber eine andere als die von der Finanzbehörde vorgeschlagene Person, geht das Spiel wieder von vorne los, d. h. die Einspruchsbefugnis hat nur der von den Beteiligten Bestellte inne.

5.4.2.3 Feststellungsbeteiligter

Sollte der seltene Fall vorkommen, dass weder ein von den Feststellungsbeteiligten bestellter noch ein gesetzlich fingierter oder ein von der Finanzbehörde bestimmter Empfangsbevollmächtigter vorhanden ist, darf jeder Feststellungsbeteiligte Einspruch einlegen.

5.4.2.4 Zusätzliche Einspruchsbefugnis

Neben dem Geschäftsführer oder dem Empfangsbevollmächtigen sind immer auch die nachfolgenden Personen einspruchsbefugt; wenn auch zum Teil mit Einschränkungen:

- Ausgeschiedene Gesellschafter
  - soweit der Steuerbescheid gegen ihn ergangen ist oder ergehen hätte müssen
- Jeder Gesellschafter in Angelegenheiten, die
  - den Gesellschafterbestand
  - die Höhe seiner Beteiligung
    und
  - die persönlichen Abzugsbeträge wie Sonderbetriebsausgaben oder -werbungskosten betreffen.

5.4.2.5 Zusammenfassung

Wer es schön kompliziert mag, der ist bei diesem Prüfungspunkt der Bestimmung des Einspruchsbefugten in den Fällen der gesonderten Feststellung goldrichtig. Damit nichts schief geht, gehen Sie immer wie folgt vor:

Einspruchsbefugnis		
1	Der zur Vertretung berufene Geschäftsführer	Ausgeschiedene, und Beteiligte, soweit es um ihre Gesellschafterstellung, deren Umfang oder um Fragen geht, die sie persönlich betreffen
Sofern nicht vorhanden		
2	Der von den Beteiligten bestellte Empfangsbevollmächtigte Belehrung durch das FA ist erfolgt Diese Person ist nicht zugleich Geschäftsführer	Bei Verstoß gegen Belehrungs- gebot alle Beteiligte, ansonsten Ausgeschiedene und Beteiligte, soweit es um ihre Gesellschafterstellung, deren Umfang oder um Fragen geht, die sie persönlich betreffen
Sofern nicht vorhanden		
3	Gesetzlich fingierte Empfangsbe- vollmächtigte Belehrung durch das FA ist erfolgt Diese Person nicht zugleich Geschäftsführer ist Kein Widerspruch durch Beteiligte	Bei Verstoß gegen Belehrungs- gebot alle Beteiligte, ansonsten Widersprechende Feststellungs- beteiligte, Ausgeschiedene, und Beteiligte, soweit es um ihre Gesellschafterstellung, deren Umfang oder um Fragen geht, die sie persönlich betreffen
Sofern nicht vorhanden		
4	Vom FA bestimmter Empfangsbe- vollmächtigte Belehrung durch das FA ist erfolgt Diese Person ist nicht zugleich Geschäftsführer Kein Widerspruch durch Beteiligte Keine Benennung einer anderen Person durch die Beteiligten	Bei Verstoß gegen Belehrungs- gebot alle Beteiligte, ansonsten Widersprechende Feststellungs- beteiligte, Ausgeschiedene, und Beteiligte, soweit es um ihre Gesellschafterstellung, deren Umfang oder um Fragen geht, die sie persönlich betreffen
Sofern nicht vorhanden		
5	Jeder Feststellungsbeteiligte	

5.4.3   Einspruchsbefugnis des Rechtsnachfolgers

Eine weitere Sonderregelung bei der Einspruchsbefugnis gibt es für Rechtsnachfolger (vgl. § 353 AO). Der Begriff des Rechtsnachfolgers schließt sowohl den Gesamtrechtsnachfolger wie auch den Einzelrechtsnachfolger mit ein.

Gesamtrechtsnachfolger ist derjenige, der die Rechte und Pflichten seines Vorgängers in Gänze übernimmt, wie das bei einem Erben vorkommt. Im Unterschied dazu tritt der Einzelrechtsnachfolger nur in Bezug auf einen bestimmten Gegenstand oder ein Recht die Nachfolge an. Die Einzelrechtsnachfolge ist daher vor allem bei Kaufverträgen vorzufinden.

Ergeht nun an den Rechtsnachfolger, ein

- Feststellungsbescheid,
- Grundsteuermessbescheid, oder
- Zerlegungs- oder Zuteilungsbescheid über einen Grundsteuermessbescheid,

muss der Einspruchsführer in Bezug auf seine Einspruchsbefugnis unterscheiden, wann diese Rechtsnachfolge eingetreten ist. Denn per se ist der Rechtsnachfolger nicht einspruchsbefugt.

Grundsätzlich gilt: ist einer der oben genannten Bescheide bereits an den Rechtsvorgänger ergangen, beginnt für den Rechtsnachfolger die Einspruchsfrist nicht erneut zu laufen. Vielmehr ist ein Einspruch nur innerhalb der Einspruchsfrist des Rechtsvorgängers möglich.

Hat der Rechtsvorgänger bereits Einspruch eingelegt, ist zwischen dem Gesamtrechtsnachfolger und dem Einzelrechtsnachfolger zu unterscheiden. Während nämlich der Gesamtrechtsnachfolger in der Rechtsstellung des Rechtsvorgängers als Verfahrensbeteiligter eintritt, hat die Finanzbehörde beim Einzelrechtsnachfolger seine Hinzuziehung zum Verfahren zu prüfen.

Beispiel

Achim Bauer erhält seinen Einkommensteuerbescheid. Dabei stellt er fest, dass seine Werbungskosten i. H. v. 3000 EUR für seine doppelte Haushaltsführung nicht berücksichtigt wurden. Er regt sich darüber so sehr auf, dass er einen Herzinfarkt erleidet und am gleichen Tag verstirbt. Sein Sohn wird als Erbe bestimmt. Noch innerhalb der Einspruchsfrist prüft er den Steuerbescheid seines Vaters und bemerkt, dass die Werbungskosten nicht erklärungsgemäß berücksichtigt wurden. Er legt als Gesamtrechtsnachfolger Einspruch ein.

5.4.4   Einspruchsbefugnis Dritter

Zu guter Letzt kann sich die Einspruchsbefugnis auch auf Dritte erstrecken, die nicht Adressat des Verwaltungsaktes sind. Sie müssen aber zumindest von ihm betroffen sein, was bei Arbeitnehmern in Bezug auf die Abzugssteuern und bei einem Kirchensteuerbescheid von konfessionsverschiedenen Ehen vorkommt. Denn bei glaubensverschiedenen Ehepartnern ist ausschließlich der jeweilige Ehepartner einspruchsbefugt, der der betreffenden Glaubensgemeinschaft angehört (vgl. Keß, in Schwarz/Pahlke, AO, § 350 AO Rz. 32, Stand: 26.01.2017, Haufe Verlag).

5.4.5   Zusammenfassung

Die Einspruchsbefugnis setzt eine persönliche Beschwer voraus. Dazu muss der Einspruchsführer Adressat des Verwaltungsaktes sein, genauer gesagt der Inhaltsadressat. Fehlt ihm als natürliche Person die Handlungsfähigkeit, springt der gesetzliche Vertreter ein.

Bei Kapitalgesellschaften, Personengesellschaften und -gemeinschaften nimmt die Einspruchsbefugnis der gesetzliche oder der bestellte Vertreter wahr. Bei Personengesellschaften und -gemeinschaften ist für die zutreffende Bestimmung der Einspruchsbefugnis auf die Sonderregelungen Acht zu geben.

Die Einspruchsbefugnis des Rechtsnachfolgers hängt davon ab, wann die Rechtsnachfolge eingetreten ist. Das gilt jedoch nur für Feststellungs-, Grundsteuermess-, oder Zerlegungs- oder Zuteilungsbescheide über einen Grundsteuermessbescheid.

5.5   Beschwer

Damit der Sprung von einem zulässigen in einen begründeten Einspruch gelingt, muss sich aus dem Verwaltungsakt oder durch sein Unterlassen eine persönliche und sachliche Beschwer ergeben. So fordert es der Gesetzeswortlaut:

Befugt, Einspruch einzulegen, ist nur, wer geltend macht, durch einen Verwaltungsakt oder dessen Unterlassung beschwert zu sein.

Wer eine Beschwer persönlich geltend machen will, muss – wie auch für die Einspruchsbefugnis – Adressat des Steuerverwaltungsaktes sein. Nur ausnahmsweise können auch Dritte eine Beschwer geltend machen.

Wann liegt aber eine sachliche Beschwer vor?

Die AEAO konkretisiert in der Tz. 6 der AEAO zu § 350 dieses Kriterium dahin gehend, dass dazu ein Rechtschutzbedürfnis erforderlich sein muss. Ein solches wird angenommen, wenn der Einspruchsführer

- eine Rechtsverletzung oder eine Ermessenswidrigkeit rügt oder
- eine günstigere Ermessensentscheidung begehrt (vgl. Tz. 1 der AEAO zu § 350).

Woher weiß man aber, ob ein solches Rechtschutzbedürfnis vorliegt?

Liegt ein Verwaltungsakt vor, beantwortet diese Frage der Tenor des Verwaltungsaktes. Das ist der Entscheidungssatz des Verwaltungsaktes. Denn er gibt die unmittelbaren Rechtsfolgen vor. Verlangt er etwas, dem der Steuerbürger nicht Folge leisten will, hat dieser ein Rechtschutzbedürfnis und ist damit beschwert.

> ▶ **Tipp** Bei Steuerbescheiden besteht der Tenor in der festgesetzten Steuer. Diese ist immer auf der ersten Seite des Steuerbescheids zu finden und zwar in der sog. Abrechnungsverfügung an erster Stelle. Verwechseln Sie aber nicht die festgesetzte mit der noch zu entrichtenden Steuer.

Bei Feststellungsbescheiden ist der Tenor die Höhe des festgestellten Betrags, bei einheitlichen Feststellungen auch die Aufteilung auf die Beteiligten.

Zu den häufigsten Anwendungsbereichen gilt im Einzelnen:

Positive Steuerfestsetzung
Setzt der Steuerbescheid eine Steuer positiv fest, geht das Finanzamt bei der Zulässigkeitsprüfung grundsätzlich immer von einer Beschwer aus.

Beispiel
Max Müller legt Einspruch gegen seinen Einkommensteuerbescheid ein. Die Steuerfestsetzung lautet über 2500 EUR Einkommensteuer und 500 EUR Solidaritätszuschlag. Max Müller begründet den Einspruch damit, dass 200 EUR weitere Werbungskosten zu berücksichtigen seien. Hier ist von einer Beschwer auszugehen – unabhängig davon, ob die Werbungskosten tatsächlich zu berücksichtigen sind.

Führen die Einwendungen aber zu keiner Auswirkung auf die Höhe der Steuer, wie das bei Streitigkeiten über die Zuordnung der Einnahmen zu einer bestimmten Einkunftsart oft der Fall ist, ist keine Beschwer gegeben.

Beispiel
Manni Munter vermietet eine Ferienwohnung. Im Rahmen seines Einspruchs macht er geltend, seine Einkünfte seien fälschlicherweise als solche aus sonstigen Leistungen i. S. d. § 22 Nr. 3 EStG im Bescheid enthalten, obwohl zutreffenderweise Einkünfte aus Vermietung und Verpachtung vorlägen.

Da sich durch die anderweitige Zuordnung an der Höhe der Einkünfte und der festzusetzenden Steuer nichts ändert, fehlt es an einer Beschwer.

Beispiel

Manni Munter vermietet gelegentlich sein Wohnmobil. Nach Abzug seiner Aufwendungen betragen seine Einkünfte hieraus 200 EUR. Das Finanzamt erlässt ein Steuerbescheid und behandelt diese als Einkünfte aus Vermietung und Verpachtung.

Manni Munter macht in seinem Einspruch geltend, dass es sich hier um Einkünfte aus gelegentlicher Vermietung i. S. d § 22 Nr. 3 EStG handelt. Da diese nicht über 256 EUR liegen, seien sie auch nicht einkommensteuerpflichtig.

Manni Munter hat Recht. Die anderweitige Zuordnung hat Auswirkung auf die festzusetzende Einkommensteuer. Eine Beschwer liegt damit vor.

Zu niedrige Steuerfestsetzung

Bei einer zu niedrigen Festsetzung ist eine Beschwer in zwei Fällen denkbar. Zum einen dann, wenn eine höhere Festsetzung sich in Folgejahren günstiger auswirkt und zum anderen, wenn durch die begehrte höhere Steuerfestsetzung die Anrechnung von Steuerabzugsbeträgen ermöglicht wird und aufgrund dessen ein geringerer Betrag als bisher entrichtet werden muss[6].

Beispiel

Der Unternehmer Walter legt Einspruch gegen seinen Steuerbescheid ein. Das Finanzamt hat bei seinen Einkünften aus Gewerbebetrieb die Abschreibung eines Wirtschaftsguts mit 500 EUR angesetzt. Walter ist der Ansicht, dass die Abschreibung nur mit 300 EUR anzusetzen sei. In den Folgejahren würde sich das auch bei ihm günstiger auswirken, da er künftig höhere Gewinne erwartet.

Obwohl die Steuerfestsetzung hier niedriger ist, als von Walter begehrt, hat er eine Beschwer schlüssig geltend gemacht. Ob die Abschreibung so vorzunehmen ist, wie er sich das erhofft, ist eine andere Frage.

Nullbescheide

Problematisch ist der Fall, wenn im Steuerbescheid die festgesetzte Steuer Null beträgt. Dann spricht man von einem sogenannten Nullbescheid. Dieser darf nicht verwechselt werden mit einem Bescheid, der nach Anrechnung von Vorauszahlungen oder von Steuerabzugsbeträgen eine noch zu entrichtende Steuer von 0 EUR ergibt. Bei einem Nullbescheid, fehlt es grundsätzlich an einer Beschwer, weil der Steuerbescheid keine Steuer enthält, die belasten könnte.

Beispiel

Der Steuerbescheid von Martha Klein lautet über 0 EUR, da ihre Einkünfte aus nichtselbstständiger Arbeit unter dem Grundfreibetrag liegen. Martha legt gegen den Steuerbescheid Einspruch ein mit der Bitte, weitere Fachliteratur i. H. v. 100 EUR als Werbungskosten anzuerkennen.

---

[6]Tz. 2 der AEAO zu § 350.

Der Einspruch ist unzulässig, da die Steuer nicht unter 0 EUR festgesetzt werden kann. Selbst wenn die Werbungskosten anzuerkennen wären, ändert sich an der Steuerfestsetzung von 0 EUR nichts.

Es müssen daher andere Gründe vorliegen, die zu einer Beschwer führen. Als Beispiele führt die Tz. 3 der AEAO zu § 350 folgende Fälle auf:

- Mit dem Einspruch wird eine Vergütung begehrt, wie beispielsweise die Festsetzung negativer Umsatzsteuer.
- Der Nullbescheid ist für außersteuerliche Zwecke von Bedeutung, wie z. B. bei einem Antrag auf BAföG,
- Der Nullbescheid hat für nachfolgende Bescheide, sog. Folgebescheide, Bindungswirkung, wie z. B. der Einkommensteuerbescheid für die Verlustfeststellung,
- Es wird eine Steuerbefreiung wegen Gemeinnützigkeit begehrt.

Grundlagenbescheide

Will der Einspruchsführer einen Grundlagenbescheid anfechten, darf er für das Vorliegen einer Beschwer nicht auf die Auswirkung der Änderung im Folgebescheid abstellen. Maßgebend allein ist dafür die Höhe der festgestellten Besteuerungsgrundlagen im Grundlagenbescheid. Die Ausführungen zu den Steuerfestsetzungen gelten daher entsprechend.

Allerdings ist hier noch der Hinweis erforderlich, dass sich aus nicht gesondert festgestellten Besteuerungsgrundlagen auch keine Beschwer ergeben kann.

Vorläufige Bescheide

Bei Bescheiden, die einen Vorläufigkeitsvermerk versehen, muss der Einspruchsführer darauf Acht geben, dass er seinen Einspruch nicht ausschließlich gegen die angebliche Verfassungswidrigkeit einer Rechtsnorm richtet. Enthält der Bescheid nämlich in diesem Punkt bereits einen Vorläufigkeitsvermerk, fehlt es an einer Beschwer und der Einspruch ist unzulässig[7].

Bescheide unter dem Vorbehalt der Nachprüfung

Ein anderes Problem ergibt sich bei Verwaltungsakten, die mit einem Vorbehalt der Nachprüfung versehen sind. Denn dieser erfasst den Verwaltungsakt in voller Gänze und ermöglicht jedwede Änderung innerhalb der vierjährigen Festsetzungsfrist.

---

[7]BFH, Beschluss v. 10.11.1993, X B 83/93, BStBl 1994 II S. 119, und v. 22.03.1996, III B 173/95, BStBl 1996 II S. 506.

▶   **Hinweis** Das ist Segen und Fluch zugleich. Denn Sie müssen sich auch darauf
    einstellen, dass während des Bestehens des Vorbehalts eine Verböserung ein-
    tritt. Damit liegt trotz der umfassenden Änderungsmöglichkeit, die der Vorbe-
    halt mit sich bringt, auch bei solchen Steuerverwaltungsakten eine Beschwer
    vor (vgl. Keß, in Schwarz/Pahlke, AO, § 350 AO Rz. 21, Stand: 26.01.2017, Haufe
    Verlag). Sollte das Finanzamt eine andere Auffassung vertreten, weisen Sie das
    Finanzamt darauf hin.

Ermessensentscheidungen

Außerhalb von Steuerbescheiden ergibt sich vor allem bei Ermessensentscheidungen,
wie z. B. der Stundung, dem Erlass, der Inanspruchnahme im Fall von Gesamt-
schuldnern, dem Ruhen des Einspruchsverfahrens aus Zweckmäßigkeitsgründen eine
Beschwer. Denn bei seiner Ermessensentscheidung macht sich das Finanzamt gleich an
zwei Stellen angreifbar. Zum einen bei der Entscheidung, ob der Antrag dem Grunde
nach (sog. Entschließungsermessen) und zum anderen der Höhe nach (sog. Auswahl-
ermessen) entsprochen werden soll.

▶   **Tipp** Für eine Beschwer genügt es, wenn Sie eine Ermessenswidrigkeit rügen
    oder aber eine günstigere Ermessensentscheidung begehren[8]. Beantragen Sie
    z. B. eine Stundung für drei Monate, gewährt das Finanzamt aber nur für zwei
    Monate, begründet dies eine Beschwer, da Sie ja weiterhin die drei Monate
    begehren.

Fehlerhafte und nichtige Steuerverwaltungsakte

Neben Steuerbescheiden und Ermessensentscheidung begründen zudem fehlerhafte oder
nichtige Verwaltungsakte eine Beschwer, da sie immer den Rechtsschein der Gültigkeit
besitzen.

Verwaltungsakte, die einen Antrag ablehnen

Darüber hinaus ergibt sich eine Beschwer auch dann, wenn einem Antrag auf Erlass
eines Steuerverwaltungsakts nicht stattgegeben wird.

Wird die Änderung des Steuerbescheids auf der Grundlage einer Korrekturvorschrift
beantragt und das Finanzamt lehnt den Antrag ab, liegt die Beschwer in der Ablehnung
des begehrten Antrags.

Untätigkeit des Finanzamtes

Zu guter Letzt kann sich die Beschwer auch aus einem Unterlassen der Finanzverwaltung ergeben, wie das beim Untätigkeitseinspruch der Fall ist.

---

[8]vgl. Tz. 1 der AEAO zu § 350.

Für die Prüfung der Zulässigkeit genügt es, dass eine solche Beschwer schlüssig geltend gemacht wird. Eine genauere Prüfung findet erst im Rahmen der sog. Gesamtaufrollung durch das Finanzamt statt.

5.6 Kein Einspruchsverzicht

Ein zulässiger Einspruch setzt außerdem voraus, dass nicht auf ihn verzichtet wurde, denn ein Einspruchsverzicht hat zur Folge, dass das Einspruchsrecht erlischt. Ein Einspruch, der nach einem Verzicht erhoben wird, ist unzulässig. Der Steuerverwaltungsakt wird mit dem Verzicht unanfechtbar und zwar auch vor Ende der Einspruchsfrist.

Die Befugnis zum Einspruchsverzicht hat derjenige, der die Einspruchsbefugnis besitzt. Es besteht hier also Personalunion.

Verzichtet werden kann nach dem Gesetzeswortlaut ab der Bekanntgabe des Verwaltungsaktes bis zur Einspruchserhebung. Ist nämlich Einspruch eingelegt, scheidet ein Verzicht aus. Dann ist nur noch die Einspruchsrücknahme möglich. Bei Steueranmeldungen besteht jedoch die Möglichkeit, bereits bei der Abgabe der Steueranmeldung auf den Einspruch zu verzichten und zwar dann, wenn die Steuer nicht abweichend von der Steueranmeldung festgesetzt wird.

Für den Verzicht sieht das Gesetz Schriftform oder die Niederschrift beim Finanzamt vor und verbietet, den Verzicht mit weiteren Erklärungen zu versehen. Dann wäre er nämlich unwirksam.

Beispiel

Das Finanzamt versieht den Einkommensteuerbescheid des Freddi Feuerblitz mit dem Vorbehalt der Nachprüfung. Freddi Feuerblitz schreibt daraufhin an das Finanzamt, er verzichte hiermit auf seinen Einspruch, wenn das Finanzamt im Gegenzug den Vorbehalt der Nachprüfung wieder aufhebt.

Ein einmal ausgesprochener Verzicht ist grundsätzlich unwiderruflich. War der Verzicht jedoch unwirksam, lebt das Einspruchsrecht wieder auf, wenn Sie dies innerhalb der Jahresfrist für den Antrag auf Wiedereinsetzung in den vorherigen Stand geltend machen.

Zuständig für den Verzicht ist grundsätzlich das Finanzamt, dass den betroffenen Verwaltungsakt erlassen hat. Die Sonderregelungen bezüglich den Anbringungsbehörden gelten hier entsprechend.

5.7 Keine Einspruchsrücknahme

Im Unterschied zum Einspruchsverzicht hat die Einspruchsrücknahme in der Praxis eine große Bedeutung (§ 362 AO).

Die Einspruchsrücknahme setzt zeitlich gesehen voraus, dass das Einspruchsverfahren bereits begonnen hat und die Einspruchsentscheidung noch nicht vorliegt.

Befugt zur Einspruchsrücknahme ist auch hier, wer die Einspruchsbefugnis innehat.

Die Rücknahme ist schriftlich, elektronisch oder zur Niederschrift zu erklären und zwar bei der zutreffenden Anbringungsbehörde für den Einspruch (vgl. Tz. 1 der AEAO zu § 362).

Die Rechtsfolgen der Einspruchsrücknahme sind wie folgt: Erkennt der Einspruchs-führer, dass sein Einspruch keine Aussicht auf Erfolg hat oder wird er berechtigterweise vom Finanzamt dazu aufgefordert, kann er das Einspruchsverfahren durch Einspruchs-rücknahme beenden. Allerdings gilt dabei das Prinzip – ganz oder gar nicht –, d. h. eine Teilrücknahme ist grundsätzlich unzulässig. Im Unterschied zum Einspruchsverzicht endet zwar das Einspruchsverfahren, das Einspruchsrecht verwirkt der Einspruchsführer aber nicht. Er kann daher, wenn die Einspruchsfrist noch nicht abgelaufen ist, nach einer Rücknahme erneut Einspruch erheben.

Beispiel

Hans Müller legt gegen seinen Umsatzsteuerbescheid Einspruch ein und zwar mit der Begründung, dass das Finanzamt ihm zu Unrecht den Vorsteueranspruch gekürzt hat. Das Finanzamt legt ihm daraufhin die Gründe für die Versagung des Vorsteuer-anspruchs dar. Nachdem das Finanzamt den Vorsteuerabzug zutreffend versagt hat, nimmt Herr Müller den Einspruch zurück. Allerdings stellt er ein paar Tage später fest, dass im Umsatzsteuerbescheid eine Eingangsrechnung versehentlich unberück-sichtigt geblieben ist. Weil die Einspruchsfrist noch nicht abgelaufen ist, legt er unter Vorlage der Eingangsrechnung erneut Einspruch ein.

Der zweite Einspruch ist zulässig, da im Zeitpunkt der Erhebung die Einspruchs-frist noch nicht abgelaufen ist.

Ist die Einspruchsfrist im Zeitpunkt der Rücknahme allerdings abgelaufen, ist ein erneuter Einspruch unzulässig. Der Verwaltungsakt wird bestandskräftig und kann daher nur noch innerhalb der für ihn geltenden Festsetzungsverjährungsfrist über die für ihn geltenden Korrekturnormen angefochten werden (Tab. 5.4).

Tab. 5.4 Gegenüberstellung Verzicht und Rücknahme

	Verzicht	**Rücknahme**
Befugnis	Einspruchsbefugte	
Form	Schriftlich oder zur Niederschrift zu erklären	
Frist	Nach Bekanntgabe bis zur Ein-spruchserhebung	Nach Einspruchserhebung bis zur EE
Anbringungsbehörte	Finanzamt, das den Verwaltungsakt erlassen hat	
Rechtsfolgen	Verlust des eingelegten Einspruchs; das Einspruchsrecht wirkt verwirkt	Verlust des eingelegten Einspruchs, aber erneute Einspruchserhebung möglich, wenn die Einspruchsfrist noch nicht abgelaufen ist
Unwirksamkeit	Geltendmachung nur innerhalb der Einjahresfrist möglich	

▶ **Wichtig** Da auch die Rücknahme unwiderruflich ist, können Sie sich im Nachhinein nur auf die Unwirksamkeit ihrer Einspruchsrücknahme berufen, wenn
die Einspruchsfrist in diesem Zeitpunkt bereits abgelaufen ist. Für die Geltendmachung der Unwirksamkeit ist wieder die Einjahresfrist des§ 110 Abs. 3 AO
zu beachten.

Die richtige Einspruchsbegründung – Ihr Weg zum Ziel

6

Auch wenn die eigentliche Einspruchsbegründung nur eine Kannbestimmung für die Zulässigkeitsprüfung ist, kommt ihr im Rahmen der Einspruchsbegründung eine sehr gewichtige Rolle zu. Denn nur ein zulässiger Einspruch, der auch begründet ist, macht einen Einspruch zu einem erfolgreichen.

Bevor wir zu den Rechtsfolgen eines zulässigen Einspruchs für das Finanzamt kommen, daher noch ein kleines Einmaleins für eine fehlerfreie Einspruchsbegründung. Denn es wäre sehr schade, wenn ein Einspruch am Ende nur daran scheitert, dass er unbegründet ist.

6.1 Vorsorgliche Einspruchserhebung

In der Praxis ist es ein sehr beliebtes Mittel, gegen einen Verwaltungsakt erst einmal vorsorglich Einspruch einzulegen und die Begründung nachzureichen. So verschafft man sich eine Verschnaufpause über die einmonatige Einspruchsfrist hinaus, und kann in aller Ruhe den Bescheid auf Herz und Nieren prüfen. Bei den komplexen Regelungen im Steuerrecht auch kein Wunder. In Einzelfällen kann der Einspruchsführer die Frist zur Einspruchsbegründung auch weitere Male auf entsprechenden Antrag hin verlängern lassen.

> ▶ **Hinweis** Einen Formulierungsvorschlag für einen Einspruch ohne Begründung finden Sie in den Arbeitshilfen unter Abschn. 13.7. und unter Abschn. 13.8 einen Vorschlag für einen entsprechenden Fristverlängerungsantrag.

Aber irgendwann ist auch die Geduld des Finanzamtes zu Ende. Dann setzt das Finanzamt dem Einspruchsführer zur Einspruchsbegründung eine sog. Ausschlussfrist. Lässt man auch diese verstreichen, entscheidet das Finanzamt nach Aktenlage. Kann es keine Fehler im Verwaltungsakt erkennen, wird es den Einspruch im Rahmen der Einspruchsentscheidung als unbegründet ablehnen. Wird der Verwaltungsakt erst danach geprüft und ein Fehler entdeckt, muss Klage erhoben werden. Über einen Sieg kann man sich aber nur bedingt freuen, denn in einem solchen Fall trägt der Kläger seine Kosten des Finanzgerichts selbst.

▶   **Tipp** Wenn Sie also vorsorglich Einspruch einlegen, prüfen Sie den Verwaltungsakt zeitnah und begründen Sie ihn, wenn Sie Fehler entdecken.

6.2   Verfahrens-, Form- und Zuständigkeitsfehler

Wie bereits aus den vorangegangenen Kapiteln entnommen werden konnte, sind auch fehlerhafte Verwaltungsakte mit dem Einspruch anfechtbar und zwar unabhängig davon, welche Fehler enthalten sind und ob diese zur Nichtigkeit führen oder nicht.

Während dies also für die Zulässigkeit zunächst keine Rolle spielt, wird es bei der Überprüfung der Begründetheit des Einspruchs nachgeholt. Denn nach dem Gesetz bleiben bestimmte fehlerhafte Verwaltungsakte bestehen und können daher nicht im Rahmen des Einspruchsverfahrens richtig gestellt werden.

Das ist immer dann der Fall, wenn trotz der Fehlerbeseitigung ein inhaltsgleicher Steuerverwaltungsakt ergehen würde. Für nichtige Verwaltungsakte kann diese Regelung damit nicht gelten. Ziel der Regelung ist es, zu vermeiden, dass Verwaltungsakte neu erlassen werden müssen, obwohl in der Sache keine andere Entscheidung getroffen werden kann.

Das ist zu beachten, wenn sich die Einwendungen auf

- Verfahrensfehler,
- Formfehler, oder
- Fehler in der örtlichen Zuständigkeit

erstrecken und es sich um sog. gesetzesgebundene Verwaltungsakte handelt. Damit sind alle Verwaltungsakte gemeint, für die das Gesetz den Erlass vorsieht, sobald die Voraussetzungen erfüllt sind.

▶   **Hinweis** Steuerbescheide können daher nicht allein deshalb aufgehoben
       werden, weil das Finanzamt bei der Steuerfestsetzung einen Verfahrensfehler
       begangen hat (z. B. wenn es eine Anhörung nicht vorgenommen hat oder ein
       Formfehler unterlaufen ist, weil es den Verwaltungsakt nicht begründet hat).

6.3 Einsprüche bei Grundlagen- und Folgebescheiden

Bei Einspruchsverfahren gegen Grundlagen- und Folgebescheiden können folgende Merksätze hilfreich sein:

1. Einwendungen gegen den Grundlagenbescheid können nur im Einspruchsverfahren gegen diesen Bescheid geltend gemacht werden.
2. Einwendungen gegen den Folgebescheid können nur im Einspruchsverfahren gegen diesen Bescheid geltend gemacht werden.

▶ **Hinweis** Wenn Sie also gegen den Folgebescheid Einspruch einlegen und ihn mit Einwendungen gegen den Grundlagenbescheid begründen, ist er zwar zulässig, aber unbegründet. Gleiches gilt für den umgekehrten Fall.

Zwei Beispiele sollen dies verdeutlichen:

Beispiel

Herr Weier aus Freiburg besitzt eine Gewerbeimmobilie in München. Bei der gesonderten Feststellung unterläuft dem Finanzbeamten ein Fehler. Anstatt die Einnahmen zutreffend mit 60.000 EUR festzustellen, stehen im Feststellungsbescheid 600.000 EUR. Das Wohnsitz-Finanzamt setzt in dieser Höhe die Einkünfte im Einkommensteuerbescheid fest. Herr Weier legt gegen seinen Einkommensteuerbescheid Einspruch ein und begründet diesen mit den falsch festgestellten Mieteinnahmen.

Da sich die Einwendungen gegen den Feststellungsbescheid des Finanzamt Münchens richten, ist der Einspruch gegen den Einkommensteuerbescheid unbegründet. Herr Weier muss daher den Feststellungsbescheid des Finanzamt Münchens anfechten und richtig stellen lassen.

Beispiel

Fred Flink betreibt in seinem Heimatort einen Getränkehandel als Einzelunternehmen. Sein Gewinn aus Gewerbebetrieb beträgt nach Abzug des Freibetrags für die Gewerbesteuer 0 EUR. Wegen eines Versehens im Finanzamt bleibt der Freibetrag jedoch unberücksichtigt und es ergeht ein positiver Gewerbesteuermessbetrag. Die Stadt setzt daraufhin Gewerbesteuer fest. Fred Flink legt gegen den Gewerbesteuerbescheid Widerspruch ein und macht geltend, dass der Freibetrag für natürliche Personen unberücksichtigt geblieben ist und damit sein Gewinn aus Gewerbebetrieb 0 EUR beträgt.

Da sich die Einwendungen gegen den Gewerbesteuermessbescheid und damit gegen den Grundlagenbescheid richten, ist der Einspruch gegen den Gewerbesteuerbescheid unzulässig.

▶ **Hinweis** Wie bereits in Abschn. 5.3.5. erläutert, kann bei der Einspruchserhebung bei einer unzuständigen Behörde eine Weiterleitung des Einspruchs
die Einspruchsfrist wahren. Aber Vorsicht vor zu viel Euphorie: Denn der Einspruchsführer trägt in diesen Fällen das Risiko, dass sein Einspruch rechtzeitig
bei dem zuständigen Finanzamt eingeht. Geht der Einspruch verspätet ein,
kommt zwar Wiedereinsetzung in den vorherigen Stand in Betracht, aber nur
wenn das Finanzamt den Einspruch nicht unverzüglich weitergeleitet hat.
Das zu beweisen, ist nicht leicht. Besser ist also, den Einspruch stets bei dem
zuständigen Finanzamt einzureichen.

Beispiel

Fred Flink legt gegen den Gewerbesteuermessbescheid Einspruch ein, adressiert diesen aber versehentlich an das Gewerbeaufsichtsamt der Stadt. Dort landet sein Einspruch bei Sven Schlaufuchs, der sofort erkennt, dass Fred Flink sich in der Behörde
geirrt hat. Er leitet den Einspruch sofort an das Finanzamt weiter. Sachbearbeiterin
Maja Biene erhält das Schreiben noch innerhalb der Einspruchsfrist und kann den
Fehler im Bescheid beheben.

6.4   Einsprüche bei Bescheiden unter dem Vorbehalt der Nachprüfung

Bestimmte Verwaltungsakte können vom Finanzamt unter dem Vorbehalt der Nachprüfung (§ 164 AO) erlassen werden. In Betracht kommen Steuerbescheide und diesen
gleichgestellten Verwaltungsakte wie z. B. Feststellungsbescheide, Zinsbescheide und
Steuermessbescheide.

Macht das Finanzamt davon Gebrauch, muss es seine Entscheidung nicht begründen
(Tz. 3 der AEAO zu § 164). Daher findet sich in solchen Bescheiden meist nur der nachfolgende Zusatz „Dieser Verwaltungsakt steht unter dem Vorbehalt der Nachprüfung".

▶ **Tipp** Bei einem Steuerbescheid, der unter Vorbehalt der Nachprüfung
erlassen wurde, lohnt sich ein Blick in den Erläuterungsteil. Manchmal ist hier
ein Vermerk enthalten, ob noch Unterlagen oder Informationen zu einer end-
gültigen Steuerfestsetzung gefehlt haben und nachgereicht werden sollten.

Doch wann kommt dieser Vorbehalt überhaupt in Betracht?

Der Vorbehalt kommt zum einen in Betracht, wenn er kraft Gesetz dem Verwaltungsakt beizufügen ist und zum anderen, wenn das Finanzamt dies anordnet.

Kraft Gesetz ist der Vorbehalt der Nachprüfung vor allem bei Steueranmeldungen
(wie z. B. Umsatzsteuervoranmeldung) zu finden, aber auch bei Vorauszahlungs-
bescheiden (wie z. B. Einkommensteuervorauszahlung) und bei Eintragungen auf der
Lohnsteuerkarte.

Außerhalb der gesetzlichen Anordnung des Vorbehalts handelt das Finanzamt im Rahmen seines Ermessens. Denn dann spricht die AO von „darf mit einer Nebenbestimmung versehen werden". Voraussetzung für die Aufnahme eines Vorbehaltsvermerks ist aber, dass der dem Verwaltungsakt zugrunde gelegte Sachverhalt noch nicht abschließend geprüft ist. Das ist insbesondere der Fall, wenn eine Außenprüfung i. S. d. § 193 AO noch nicht stattgefunden hat.

Daraus ergibt sich nachfolgende Übersicht:

Vorbehalt der Nachprüfung	
Kraft Gesetz, z. B.:	Kraft Anordnung, z. B.:
Steueranmeldungen	Betriebsprüfungen
Vorauszahlungsbescheide	
Freibeträge auf der Lohnsteuerkarte	

Der Charme eines solchen Vorbehalts liegt in seinen Rechtsfolgen für den betroffenen Verwaltungsakt.

Der Vorbehalt erfasst den Verwaltungsakt nämlich in vollem Umfang und hat zur Folge, dass er materiell, d. h. inhaltlich, nicht bestandskräftig wird (vgl. Tz. 3 der AEAO zu § 164). Das heißt, solange der Vorbehalt besteht, kann der Verwaltungsakt auch nach Ablauf der Einspruchsfrist zugunsten wie auch zu Ungunsten des Einspruchsführers noch geändert werden, wenn ein sachlicher Grund vorliegt.

Hebt das Finanzamt den Vorbehalt nicht auf, bleibt er grundsätzlich bis zum Eintritt der regulären Festsetzungsfrist bestehen. Bis dahin kann der Einspruchsführer beim Finanzamt die Änderung oder Aufhebung des betroffenen Steuerverwaltungsaktes begehren. Gleiches gilt für die Aufhebung des Vorbehalts.

Allerdings unterscheidet sich die Aufhebung des Vorbehalts von der Anordnung in einem wesentlichen Punkt und der ist im Einspruchsverfahren sozusagen kriegsentscheidend.

Während die Aufhebung eines Vorbehalts einen anfechtbaren Verwaltungsakt darstellt, ist das bei der Anordnung nicht der Fall. Sie stellt vielmehr eine sog. unselbstständige Nebenbestimmung des Steuerverwaltungsaktes dar und kann daher nicht eigenständig mit dem Einspruch angefochten werden. Das ist nur im Einspruchsverfahren gegen den Verwaltungsakt als solchem möglich.

Für einen Einspruch gegen Vorbehaltsfestsetzungen besteht daher nur dann Aussicht auf Erfolg, wenn sich der Einspruch:

- gegen die Steuerfestsetzung selbst und/oder gegen die Aufnahme des Vermerks,
- gegen die Aufhebung des Vermerks,
- gegen die Ablehnung eines Antrags auf Aufhebung des Vorbehalts, oder
- gegen die nach § 164 Abs. 2 AO geänderte Steuerfestsetzung richtet.

6.5   Einsprüche bei Vorläufigkeitsvermerken

Neben dem Vorbehalt der Nachprüfung kann das Finanzamt einen Verwaltungsakt auch mit einem sog. Vorläufigkeitsvermerk versehen (§ 165 AO). Dieser kann den ganzen Verwaltungsakt oder nur Teile davon betreffen.

▶   **Hinweis** Werfen Sie mal einen Blick in Ihren Einkommensteuerbescheid. Dort finden Sie in der Regel immer entsprechende Vorläufigkeitsvermerke. Denn das BMF erlässt in regelmäßigen Abständen Schreiben, die anordnen, welche Bescheide mit welchen Vorläufigkeitsvermerken zu versehen sind (so z. B. für die Einkommensteuer zuletzt mit Schreiben vom 15.01.2018, BStBl I 2018 S. 2). Das Finanzamt muss diese Schreiben umsetzen und die entsprechenden Bescheide mit dem entsprechenden Vorläufigkeitsvermerk versehen.

Hinsichtlich der Punkte, die vom Vorläufigkeitsvermerk erfasst sind, ist der Verwaltungsakt dann offen und änderbar. Ein Einspruch ist dann nicht erforderlich, es sei denn, der Steuerpflichtige hat das Gefühl, dass mit dem Vorläufigkeitsvermerk sein Rechtsschutzbedürfnis nicht ausreichend gedeckt ist.

Beispiel

Wurde ein Steuerbescheid hinsichtlich des Abzugs bestimmter Werbungskosten unter Bezugnahme auf ein anhängiges Verfahren beim Bundesfinanzhof vorläufig erlassen, dann darf – nach der Entscheidung des Bundesfinanzhofes – der Steuerbescheid auch nur in diesem Punkt geändert werden!

Für einen solchen Vorläufigkeitsvermerk kommen neben Steuerbescheiden auch gleichgestellte Verwaltungsakt in Betracht. Die Aufnahme des Vermerks ist aber nur möglich, wenn

- eine tatsächliche Ungewissheit über die Verwirklichung des Steuertatbestandes, oder
- eine der im Gesetz abschließend aufgezählte Ungewissheit

besteht.

6.5.1   Tatsächliche Ungewissheit

Von einer tatsächlichen Ungewissheit spricht man, wenn ungewiss ist, ob der steuerliche Tatbestand überhaupt erfüllt ist. Die Ungewissheit darf daher nur die Steuerentstehung betreffen, nicht aber die Würdigung der dazugehörigen steuerrechtlichen Tatsachen.

In der Praxis kommen solche Vorläufigkeitsvermerke vor allem bei der Aufnahme einer Tätigkeit in Betracht, die zu steuerbaren Einkünften i. S. d. § 2 EStG führt. Denn oft sind solche Fälle zu Beginn von hohen Anfangsverlusten geprägt. Schließlich muss für gewöhnlich erst investiert werden, bevor die Einnahmen sprudeln. Das Finanzamt erkennt diese Verluste aber nur dann an, wenn sich während des Bestehens der Einkunftsquelle eine sog. positive Überschussprognose ergibt. Stellt sich bei Beendigung der Tätigkeit heraus, dass sich die Prognose nicht erfüllt hat, sind diese Einkünfte steuerlich irrelevant und werden als sog. Liebhaberei qualifiziert. Da gerade für diese Gewinnerzielungsabsicht eine Vorausschau auf die Entwicklung des Unternehmens in die Zukunft kaum möglich ist, werden diese Einkünfte vorläufig festgesetzt. Wenn dann am Ende der Betrieb eingestellt wird, ohne dass sich ein positives Endergebnis einstellt, dann kann das Finanzamt die bisher anerkannten Verluste rückwirkend versagen und die entsprechenden Bescheide ändern.

6.5.2 Ungewissheit in Sonderfällen

Besteht keine tatsächliche Ungewissheit, kann ein Vorläufigkeitsvermerk nur in den nachfolgenden Fällen ergehen:

- Wenn ungewiss ist, ob und wann Verträge mit anderen Staaten über die Besteuerung, die sich zugunsten des Steuerpflichtigen auswirken, für die Steuerfestsetzung wirksam werden (Fallgruppe 1),
- Wenn das Bundesverfassungsgericht die Unvereinbarkeit eines Steuergesetzes mit dem Grundgesetz festgestellt hat und der Gesetzgeber zu einer Neuregelung verpflichtet ist (Fallgruppe 2),
- Wenn die Vereinbarkeit eines Steuergesetzes mit höherrangigem Recht Gegenstand eines Verfahrens bei dem Gerichtshof, der Europäischen Gemeinschaften, dem Bundesverfassungsgericht oder einem obersten Bundesgericht ist (Fallgruppe 3) oder
- Wenn die Auslegung eines Steuergesetzes Gegenstand eines Verfahrens bei dem Bundesfinanzhof ist (Fallgruppe 4).

In der Praxis taucht vor allem die Fallgruppe 3 auf. Verständlich, wenn man bedenkt, dass es hier um die verfassungsrechtliche Zweifel an einem der Steuerfestsetzung zugrunde zulegenden Steuergesetz geht und fast kein Jahr vergeht, in dem die Verfassungswidrigkeit einer Norm nicht festgestellt wird.

Eine vorläufige Steuerfestsetzung im Sinne der Fallgruppe 3 ist aber nur dann gerechtfertigt, wenn die Frage der Verfassungsmäßigkeit bereits Gegenstand eines Gerichtsverfahrens ist, das

- beim Europäischen Gerichtshof,
- dem Bundesverfassungsgericht oder
- einem obersten Bundesgericht

anhängig ist. Gerade wegen der letzten Aufzählung kommen nicht nur Verfahren vor dem BFH, sondern z. B. auch Verfahren vor dem Bundessozialgericht für einen Vorläufigkeitsvermerk in Betracht. Nicht aber beim Europäischen Gerichtshof für Menschenrechte (vgl. Bayerisches Landesamt für Steuern mit Verfügung vom 26.01.2016, S 0622.1.1-20/6 St42).

Liegen die Voraussetzungen für einen Vorläufigkeitsvermerk vor, steht die Entscheidung, die Steuer vorläufig festzusetzen, grundsätzlich im Ermessen des Finanzamtes.

Wegen der vielen Gerichtsprozesse, mit denen sich die Finanzgerichte und der Bundesfinanzhof beschäftigen, ordnet das Bundesministerium der Finanzen bei Verfahren der Fallgruppe 3 die Vorläufigkeit an. Das Ermessen der einzelnen Finanzämter reduziert sich dadurch auf Null, sodass aus „dürfen" „müssen" wird.

Das BMF erlässt in regelmäßigen Abständen Schreiben, in denen es die Liste der aktuellen Vorläufigkeitsvermerke für die entsprechende Steuerfestsetzung bekannt gibt. Für die Einkommensteuerfestsetzungen zuletzt mit Schreiben vom BMF-Schreiben vom 15.01.2018 (BStBl 2018 I S. 2), für die Körperschaftsteuer mit Schreiben vom 10.01.2019 (IV A 3 – S 0338/17/10007).

> **Hinweis** Wegen des Streits um die Verfassungsmäßigkeit des Solidaritäts-
> zuschlags ergehen die Bescheide über die Festsetzung des Solidaritäts-
> zuschlags seit 2005 mit einem entsprechenden Vorläufigkeitsvermerk (vgl.
> BMF, Schreiben vom 18.06.2018, IV A 3 – S 0338/17/10007) – wenngleich
> bislang keines der anhängigen Verfahren zur Abschaffung des Solidaritäts-
> zuschlag führen konnte. Ab 2021 soll der Solidaritätszuschlag für den Großteil
> der Steuerzahler wegfallen, so plant es die Bundesregierung.

Gleiches gilt für Zinsfestsetzungen (vgl. BMF, Schreiben vom 02.05.2019, IV A 3 – S 0338/18/10002). Denn auch hier ist die Frage, ob die Verzinsung nach § 233 ff. AO mit 0,5 % pro Monat noch verfassungsgemäß ist, Gegenstand zahlreicher Klageverfahren.

6.5.3   Umfang der Vorläufigkeit

Im Unterschied zu dem Vorbehalt der Nachprüfung ist der Vorläufigkeitsvermerk auf die Ungewissheit beschränkt und muss zudem vonseiten des Finanzamtes begründet werden. Fehlt die Begründung, kann diese nachgeholt werden. Eine Nichtigkeit des Bescheids hat dies nicht zur Folge.

Wird eine vorläufige Steuerfestsetzung geändert, ist in dem neuen Steuerbescheid zu vermerken, ob und inwieweit dieser weiterhin vorläufig ist oder für endgültig erklärt wird. Damit bestimmt ein Vorläufigkeitsvermerk im Änderungsbescheid den Umfang der Vorläufigkeit neu.[1]

---

[1]Tz. 3 der AEAO zu § 165.

6.5.4 Wirkung der Vorläufigkeit

Soweit der Vorläufigkeitsvermerk ordnungsgemäß ist, tritt insoweit die materielle Bestandskraft des Steuerbescheides bzw. des gleichgestellten Verwaltungsakts nicht ein. Solange die Ungewissheit nicht beseitigt ist, kann das Finanzamt diese Bescheide insoweit ändern und alle materiellen Fehler, für die keine eigenständige Korrekturnorm vorgesehen ist, im Rahmen der Vorschrift des § 177 AO mit berichtigen.

Im Unterschied zum Vorbehalt fällt der Vorläufigkeitsvermerk jedoch nicht mit Eintritt der Festsetzungsverjährung weg, sondern bleibt darüber hinaus bestehen.

Eine Endgültigkeitserklärung ist in den vier Sonderfällen aus Abschn. 6.5.2. nicht erforderlich, wenn sich die Steuerfestsetzung letztlich als zutreffend erweist und der Steuerpflichtige keine Entscheidung beantragt. Die Vorläufigkeit entfällt in diesen Fällen mit Ablauf der – ggf. verlängerten – Festsetzungsfrist.

▶ **Merke** Soweit der Verwaltungsakt vorläufig i. S. d. § 165 Abs. 1 Satz 1 oder 2 AO ist, wird er nicht bestandskräftig und kann daher noch nach Ablauf der Einspruchsfrist durch einen entsprechenden Änderungsantrag im Sinne des § 165 Abs. 2 AO abgeändert werden.

6.5.5 Rechtsbehelfsmöglichkeiten bei vorläufigen Steuerfestsetzungen

Wie auch der Vorbehalt der Nachprüfung stellt auch der Vorläufigkeitsvermerk eine unselbstständige Nebenbestimmung des Steuerbescheides dar. Damit kann die Rechtswidrigkeit eines Vorläufigkeitsvermerks nur im Rahmen des Einspruchs gegen den der Vorläufigkeit zugrunde liegenden Steuerbescheids oder gleichgestellten Verwaltungsakt geltend gemacht werden.

▶ **Wichtig** Begründen Sie allerdings einen solchen Einspruch lediglich mit der angeblichen Verfassungswidrigkeit einer Rechtsnorm und ist dieser Punkt bereits im Vorläufigkeitsvermerk enthalten, fehlt es an der Beschwer. Das Einspruchsverfahren ist dann zum Scheitern verurteilt.

Einspruchsfähig ist dagegen wiederum die Aufhebung des Vorläufigkeitsvermerks. Wird ein vorläufiger Steuerbescheid nach § 165 AO geändert, kann gegen den geänderten Bescheid Einspruch eingelegt werden. Da allerdings die Vorläufigkeit nur einen bestimmten Teil des Bescheides erfasst, ist der Einspruch auch nur in diesem Umfang zulässig. Darüber hinaus müssen andere Korrekturnormen eine Änderung ermöglichen.

6.6   Einspruch gegen Änderungsbescheide

Ergeht ein Änderungsbescheid, ist grundsätzlich auch gegen diesen ein Einspruch möglich, allerdings mit einer Ausnahme bzw. einer Einschränkung.

Zunächst die Ausnahme: Wurde bereits Einspruch eingelegt und ergeht währenddessen ein Änderungsbescheid, ist ein Einspruch gegen den Änderungsbescheid unzulässig, da grundsätzlich der Änderungsbescheid an die Stelle des bisherigen Bescheids tritt, gegen den bereits Einspruch erhoben wurde.

Nun die Einschränkung: Wurde kein Einspruch eingelegt und ergeht ein Änderungsbescheid, ist ein Einspruch zwar möglich, der Umfang der Anfechtungsmöglichkeit hängt aber davon ab, ob die Rechtbehelfsfrist des (Erst-)Bescheids schon abgelaufen ist oder nicht. Hier kann es zu einer Einschränkung kommen.

> **Beispiel**
>
> Hans Maier ist Gesellschafter einer OHG und erzielt daraus Einkünfte aus Mitunternehmerschaft. Daneben erzielt er noch Einkünfte aus Vermietung und Verpachtung. Hans Maier erhält im Januar 2019 seinen persönlichen Einkommensteuerbescheid für 2018, der beide Einkunftsarten beinhaltet. Im April 2019 erhält Hans Maier einen geänderten Einkommensteuerbescheid für 2018, da sich die Einkünfte aus seiner Stellung als Gesellschafter der OHG geändert haben.

Nun zu den Details:

6.6.1   Änderungsbescheide im Einspruchsverfahren

Kommt es während des Einspruchsverfahrens dazu, dass ein Änderungsbescheid erlassen wird, muss der Einspruchsführer prüfen, ob dieser geänderte Bescheid seinem Einspruch abhilft oder nicht.

Variante 1: Der Änderungsbescheid setzt die Einwendungen des Einspruchsverfahrens voll um

Setzt der geänderte Bescheid die Steuer unter Berücksichtigung der im Einspruch geltend gemachten Einwendungen in dem beantragten Umfang fest – sprich hat das Finanzamt dem Einspruch in vollem Umfang stattgegeben – handelt es sich bei dem geänderten Bescheid um einen sog. Vollabhilfebescheid. Das Einspruchsverfahren ist damit beendet. Ist der Änderungsbescheid jedoch fehlerhaft, kann erneut Einspruch erhoben werden, dann allerdings gegen den Änderungsbescheid.

Beispiel

Susi Sonnenschein hat gegen ihren Einkommensteuerbescheid Einspruch eingelegt. Grund ist die Versagung des Betriebsausgabenabzugs wegen fehlender Belege. Die Belege für den Betriebsausgabenabzug hat sie beigefügt. Das Finanzamt erkennt den Betriebsausgabenabzug an und erlässt einen geänderten Einkommensteuerbescheid.

Das Einspruchsverfahren ist damit abgeschlossen.

Variante 2: Der Änderungsbescheid hilft nur teilweise ab oder gar nicht

Bleiben aber Streitpunkte offen – egal ob voll oder nur teilweise – wird der neue Bescheid automatisch zum Gegenstand des Einspruchsverfahrens[2]. So sieht es das Gesetz vor. Damit ist ein erneuter Einspruch nicht erforderlich.

▶   **Hinweis** Legen Sie trotzdem Einspruch ein, ist dieser unzulässig und wird als unbegründet zurückgewiesen. Aber keine Angst: Ihr ursprünglicher Einspruch bleibt weiterhin bestehen.

Beispiel

Susi Sonnenschein hat gegen ihren Einkommensteuerbescheid Einspruch eingelegt. Grund ist zum einen die Versagung des Betriebsausgabenabzugs wegen fehlender Belege und zum anderen die Nichtanerkennung von Handwerkerleistungen wegen Barzahlungen. Die Belege für den Betriebsausgabenabzug hat sie dem Einspruch beigefügt. Das Finanzamt erlässt einen Abhilfebescheid. Darin erkennt das Finanzamt nur die Betriebsausgaben an, in Bezug auf die Barzahlung der Handwerker lehnt es eine Änderung des Bescheids weiterhin ab.

Da der geänderte Bescheid nur einem der beiden Gründe abhilft, wird der geänderte Einkommensteuerbescheid zum Gegenstand des laufenden Einspruchsverfahrens. Ein erneuter Einspruch wäre unzulässig.

Abwandlung:

Susi Sonnenschein hat gegen ihren Einkommensteuerbescheid Einspruch eingelegt und Belege über noch nicht geltend gemachte Betriebsausgaben nachgereicht. Während des Einspruchsverfahrens wird der Einkommensteuerbescheid geändert, weil die Mitteilung über ihre Beteiligungseinkünfte vorliegt. Im Einkommensteuerbescheid ist erläutert, dass die Änderung auf der Mitteilung der Beteiligungseinkünfte beruht. Susi Sonnenschein stellt fest, dass die nachträglichen Betriebsausgaben noch nicht enthalten sind.

Susi Sonnenschein muss gegen den Änderungsbescheid keinen Einspruch einlegen, da der Änderungsbescheid Gegenstand ihres noch laufenden Einspruchsverfahrens wurde.

---

[2]Vgl. § 365 Abs. 3 AO.

Ein erneuter Einspruch erübrigt sich auch dann, wenn der angefochtene Verwaltungsakt durch einen anderen ersetzt wird (sog. Ersetzungsbescheid). Dies ist vor allem bei den Voranmeldungen, wie z. B. der Umsatzsteuer- Voranmeldung der Fall.

Bei der Umsatzsteuer hat der Unternehmer in der Regel sowohl die Verpflichtung, unterjährig Voranmeldungen abzugeben als auch eine Jahreserklärung. Sowohl die Voranmeldungen wie auch die Jahreserklärung stehen jeweils einer Steuerfestsetzung unter dem Vorbehalt der Nachprüfung gleich. Veranlagt das Finanzamt die Umsatzsteuerjahreserklärung erklärungsgemäß, ersetzt die abgegebene Umsatzsteuerjahreserklärung die zuvor abgegebenen Voranmeldungen.

Beispiel

Unternehmer Ulli Feuerstein hat gegen die eingereichte Umsatzsteuer-Voranmeldung September 2018 form- und fristgerecht Einspruch erhoben. Im Mai 2019 gibt er seine Umsatzsteuerjahreserklärung für 2018 ab.

Da die eingereichte Jahreserklärung für 2018 einer Steuerfestsetzung unter dem Vorbehalt der Nachprüfung gleich steht, tritt diese an die Stelle der Umsatzsteuer-Voranmeldung September 2018. Einen erneuten Einspruch von Ulli Feuerstein bedarf es nicht.

Legt der Steuerpflichtige dennoch gegen den Änderungs- oder Ersetzungsbescheid Einspruch ein, wird ihn das Finanzamt dazu auffordern, ihn zurückzunehmen. Tut der Steuerpflichtige dies nicht, erlässt es dann eine Einspruchsentscheidung, in dem es den zweiten Einspruch als unzulässig verwirft.

▶ **Merke** Über einen Streitgegenstand können nicht mehrere Einsprüche geführt werden.

6.6.2 Einspruch gegen Änderungsbescheide, die einen unanfechtbaren Verwaltungsakt ersetzen

Das vorangegangene Kapitel hat den Fall abgehandelt, dass während des laufenden Einspruchsverfahrens ein Änderungsbescheid ergeht.

Nun geht es um die Problematik, dass ein Bescheid geändert wird, bei dem die Rechtsbehelfsfrist abgelaufen ist und dieser Änderungsbescheid mit einem Einspruch angefochten wird. Das ist zwar in diesem Fall zulässig, aber mit einer Einschränkung versehen.

Läuft nämlich die Rechtsbehelfsfrist ab, ohne dass Einspruch erhoben wird, ist der Verwaltungsakt unanfechtbar geworden, wenn er nicht mit dem Vorbehalt der Nachprüfung versehen ist oder soweit er einen Vorläufigkeitsvermerk enthält.

Beispiel

Siggi Sorglos wird sein Einkommensteuerbescheid für 2018 am 22.05.2019 bekanntgegeben. Nebenbestimmungen enthält er nicht. Sechs Wochen später fällt ihm der
Bescheid bei einer Aufräumaktion wieder in die Hände. Bei genauerer Betrachtung
fällt ihm dabei auf, dass das Finanzamt ihm zu Unrecht den Betriebsausgabenabzug
i. H. v. 500 EUR nicht gewährt hat.

Da die Einspruchsfrist bereits abgelaufen ist und der Bescheid keine Nebenbestimmung enthält, ist der ESt-Bescheid unanfechtbar geworden.

Unanfechtbare Steuerverwaltungsakte können noch geändert werden (vgl. Kap. 12).
Nämlich dann, wenn Änderungsvorschriften dies zulassen. Es ergeht dann ein (zweiter)
geänderter Verwaltungsakt, den man genauso wie den (Erst-)Verwaltungsakt mit dem
Einspruch anfechten kann. Allerdings muss man dann folgende Besonderheit beachten:
Eine Änderung ist grundsätzlich nur insoweit möglich, wie der geänderte vom
ursprünglichen Verwaltungsakt abweicht. Dies liegt daran, dass der unanfechtbar
gewordene Steuerverwaltungsakt für den geänderten Verwaltungsakt Bindungswirkung
hat. Bei Steuerbescheiden ergibt sich diese Bindungswirkung aus dem im Erstbescheid
festgesetzten Steuerbetrag und hat daher zur Folge, dass die ursprüngliche Steuerfestsetzung grundsätzlich nicht unterschritten werden kann.
Ergeht daher ein Änderungsbescheid, der einen unanfechtbar gewordenen Bescheid
ändert, werden für das Einspruchsverfahren gegen den Änderungsbescheid folgende **drei
Fälle** unterschieden:

1. Der Änderungsbescheid führt zu einer höheren Steuerfestsetzung
Führt der Änderungsbescheid im Vergleich zum Erstbescheid zu einer höheren Steuerfestsetzung, kann zwar die Steuer zugunsten des Einspruchsführers wieder herabgesetzt
werden, allerdings nicht uneingeschränkt, sondern maximal bis zur ursprünglichen
Steuerfestsetzung.

Beispiel

Helmut Lutz hat im August 2018 den Einkommensteuerbescheid für 2017 erhalten,
der eine festzusetzende Einkommensteuer von 1000 EUR vorsieht. Nebenbestimmungen enthielt er keine. Bei der Prüfung des Bescheids bemerkt Helmut
nicht, dass das Finanzamt Betriebsausgaben zu Unrecht nicht anerkannt hat. Im
Dezember 2018 ergeht ein geänderter Einkommensteuerbescheid für 2017, in dem die
Mitteilung über Beteiligungseinkünfte ausgewertet wurden. Die festzusetzende Einkommensteuer erhöht sich auf 1500 EUR. Helmut prüft den geänderten Einkommensteuerbescheid und stellt dabei den Fehler bei den Betriebsausgaben fest. Daraufhin
legt er gegen den geänderten Einkommensteuerbescheid für 2017 Einspruch ein.

Im Dezember 2018 ist der Einkommensteuerbescheid vom August 2018 wegen des Ablaufs der einmonatigen Einspruchsfrist bereits bestandskräftig und damit unanfechtbar. Der geänderte Einkommensteuerbescheid vom Dezember 2018 hat damit einen unanfechtbar gewordenen Steuerbescheid ersetzt. Daher kann Helmut im Rahmen eines Einspruchs gegen den geänderten Einkommensteuerbescheid für 2017 grundsätzlich nur eine Herabsetzung der festzusetzenden Einkommensteuer bis 1000 EUR erreichen.

2. Änderungsbescheid führt zu einer niedrigeren Steuerfestsetzung
Ist im Änderungsbescheid im Vergleich zum Erstbescheid eine niedrigere Steuer festgesetzt worden, kann man im Rahmen eines Einspruchs eine weitere Herabsetzung nicht erreichen, selbst wenn die Einwendungen berechtigt sind.

Beispiel

Helmut Lutz hat im August 2018 den Einkommensteuerbescheid für 2017 erhalten, der eine festzusetzende Einkommensteuer von 1000 EUR vorsieht. Nebenbestimmungen enthielt er keine. Bei der Prüfung des Bescheids bemerkt er nicht, dass das Finanzamt Betriebsausgaben zu Unrecht nicht anerkannt hat. Im Dezember 2018 ergeht ein geänderter Einkommensteuerbescheid für 2017, in dem die Mitteilung über negative Beteiligungseinkünfte ausgewertet wurde. Die festzusetzende Einkommensteuer vermindert sich auf 500 EUR. Helmut prüft den geänderten Einkommensteuerbescheid und stellt dabei den Fehler bei den Betriebsausgaben fest. Daraufhin legt er gegen den geänderten Einkommensteuerbescheid für 2017 form- und fristgerecht Einspruch ein.

Der Einkommensteuerbescheid vom August 2018 ist wegen des Ablaufs der Einspruchsfrist im Dezember 2018 bereits bestandskräftig. Daher kann Helmut im Rahmen eines Einspruchs gegen den geänderten Bescheid vom Dezember 2018 grundsätzlich keine weitere Minderung der festzusetzenden Einkommensteuer erreichen. Es bleibt daher bei der im geänderten Bescheid festgesetzten Einkommensteuer von 500 EUR.

Aber was wäre ein Grundsatz, wenn es davon keine Ausnahme gäbe?

3. Die Einwendungen gegen den Änderungsbescheid erfüllen auch einen Korrekturtatbestand
Auch im Einspruchsverfahren gegen einen Änderungsbescheid, der einen unanfechtbaren Bescheid ändert, kann die ursprüngliche Steuerfestsetzung unterschritten werden. Allerdings geht dies nur, soweit sich dies aus den Vorschriften über die Aufhebung oder die Änderung von Verwaltungsakten, d. h. den Korrekturvorschriften der AO, ergibt (siehe auch Tab. 12.1.).

Beispiel

Der Einkommensteuerbescheid 2017 von Bernd Herz wird in 2019 zu seinen Ungunsten geändert, weil dem Finanzamt nachträglich ein nicht erklärtes Spekulationsgeschäft bekannt wird (Änderung nach § 173 AO). Die Einkommensteuer für 2017 erhöht sich auf 500 EUR. Bernd Herz findet nach Ablauf der Rechtsbehelfsfrist bei seinen Einkünften aus Gewerbebetrieb einen Zahlendreher des Finanzamtes bei den Betriebsausgaben. Anstelle von 5200 EUR hat das Finanzamt nur 2500 EUR als Betriebsausgaben berücksichtigt. Die steuerliche Auswirkung beträgt 600 EUR.

Lösung: Bei einem Einspruch gegen den Änderungsbescheid kann Bernd Herz nun geltend machen, dass Betriebsausgaben wegen dieses Versehens unberücksichtigt geblieben sind, die die Mehrsteuern im Ergebnis nicht nur ausgleichen, sondern sogar zu einer Erstattung führen.

Diese Anfechtungsbeschränkung gilt übrigens auch für unanfechtbar gewordene Grundlagen – und deren Folgebescheide.

▶   **Fazit** Wird ein unanfechtbarer Steuerverwaltungsakt, der nicht unter dem Vorbehalt der Nachprüfung steht und keinen Vorläufigkeitsvermerk enthält, geändert, ergibt sich eine Anfechtungsbeschränkung. Könnten die Einwendungen im Einspruchsverfahren auch über einen Korrekturantrag umgesetzt werden, kann der geänderte Verwaltungsakt im Einspruchsverfahren uneingeschränkt angefochten werden.

Ist der Einspruch begründet? 7

Ergibt die Zulässigkeitsprüfung, dass alle Voraussetzungen gegeben sind, muss das Finanzamt, das den angefochtenen Verwaltungsakt erlassen hat, in einem zweiten Schritt prüfen, ob der Einspruch auch begründet ist. Dabei prüft es, ob der angefochtene Verwaltungsakt rechtswidrig ist und den Einspruchsführer tatsächlich in seinen Rechten verletzt.

Handelt es sich bei dem angefochtenen Verwaltungsakt um einen sog. Ermessensverwaltungsakt (wie z. B. die Festsetzung eines Verspätungszuschlags oder eine abweichende Festsetzung aus Billigkeitsgründen im Sinne des § 163 AO), hat das Finanzamt zudem zu prüfen, ob es seinen Ermessensspielraum zutreffend ausgeübt hat (Abb. 7.1).

Dabei hat es insbesondere die nachfolgenden Verfahrensregeln zu beachten:

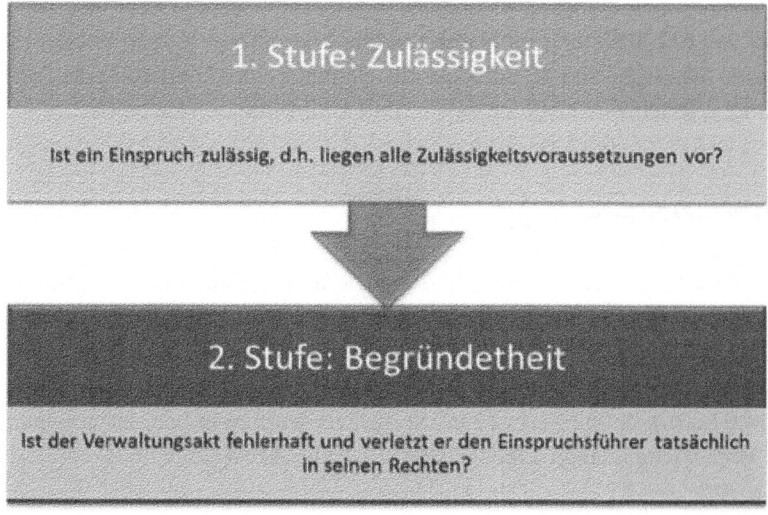

Abb. 7.1 Prüfung der Begründetheit

© Springer Fachmedien Wiesbaden GmbH, ein Teil von Springer Nature 2019
S. Meier und U. Rakowski, *Der Einspruch im Steuerrecht*,
https://doi.org/10.1007/978-3-658-27022-3_7

7.1   Beteiligte

Zunächst bestimmt das Finanzamt, wer die Beteiligten am Einspruchsverfahren sind. Als Beteiligte kommen in Betracht gemäß § 359 AO:

- der Einspruchsführer und
- die Hinzugezogenen.

Die Bestimmung der Beteiligten ist aus dreierlei Gründen wichtig:

1. Das Finanzamt darf nur diesen Personen die Besteuerungsunterlagen mitteilen (§ 364 AO),
2. nur die Beteiligten haben die Möglichkeit, an der Beweisaufnahme teilzunehmen (§ 364a AO) und
3. den Beteiligten ist die Einspruchsentscheidung bekannt zu geben (§ 366 AO).

▶   **Wichtig** Einspruchsführer ist derjenige, der den Einspruch eingelegt hat bzw. genauer gesagt derjenigen, in dessen Namen der Einspruch erhoben wurde.

Bei zusammen veranlagten Ehegatten ist nach der ständigen Rechtsprechung des Bundesfinanzhofs grundsätzlich nur derjenige am Einspruchsverfahren beteiligt, der Einspruch erhoben hat[1]. Hat er allerdings in seinem Einspruch deutlich gemacht, dass er auch für Wirkung des anderen Einspruch eingelegt hat, sind beide Ehegatten am Einspruchsverfahren beteiligt.

▶   **Tipp** Soll der Einspruch im Namen beider Ehegatten erhoben werden, verwenden Sie am besten im Briefkopf die Namen beider Ehegatten, die Formulierung: „... legen wir Einspruch ein ..." und unterschreiben Sie beide.

7.2   Hinzuziehung

Bei der Hinzuziehung werden Dritte, die nicht selbst Einspruch eingelegt haben, in das laufende Einspruchsverfahren miteinbezogen, wenn sie ebenfalls von der Entscheidung über den Einspruch betroffen sind. Die Hinzuziehung dient der Verfahrensvereinfachung und der Vermeidung unterschiedlicher Entscheidungen (vgl. Bayerisches Landesamt für Steuern, 14.07.2014, S 0622.1.1 – 23/2 St 42). Es wird zwischen der notwendigen und einfachen Hinzuziehung unterschieden (vgl. Tz. 1 der AEAO zu § 360).

---

[1]So z. B. Urteil des BFH vom 20.12.2012, III R 59/12 m. w.N.

7.2.1 Einfache Hinzuziehung

Die einfache Hinzuziehung kommt in Betracht, wenn das steuerliche Interesse eines Dritten durch die Entscheidung über den Einspruch berührt wird. Persönlich betroffen sind davon insbesondere Gesamtschuldner, d. h.

- Ehegatten bei der Einkommensteuer im Falle einer Zusammenveranlagung
  - Bei Ehegatten, die sich zusammen zur Einkommensteuer veranlagen lassen, empfiehlt es sich regelmäßig, von der Möglichkeit der einfachen Hinzuziehung Gebrauch zu machen und zwar auch dann, wenn der hinzuzuziehende Ehegatte nicht über eigene Einkünfte verfügt (vgl. Tz. 3 der AEAO zu § 360).
- Grundstückserwerber und -verkäufer bei der Grunderwerbsteuer,
- Schenker und Beschenkte bei der Schenkungsteuer,
- Haftungsschuldner, die gemeinsam für eine fremde Schuld haften.

Die Hinzuziehung erfolgt durch das Finanzamt von Amts wegen oder auf Antrag des Dritten, der hinzugezogen werden soll (vgl. § 360 Abs. 1 Satz 1 und 2 AO). Es handelt sich in beiden Fällen um eine sog. Ermessensentscheidung i. S. d. § 5 AO, sodass das Finanzamt einen Antrag grundsätzlich auch ablehnen kann. Jedoch soll das Finanzamt nach der Verfügung der OFD Hannover vom 19.05.2004, S 0622 – 713 – StO 321 S 0622 – 228 – StH 461 bei der Ausübung des pflichtgemäßen Ermessens nicht kleinlich verfahren.

Beispiel

Susi Strolch wird mit ihrem Mann Dagobert zusammen zur Einkommensteuer veranlagt. An einem Montagmorgen flattert ihr der Einkommensteuerbescheid 2017 ins Haus und beim Anblick der Besteuerungsgrundlagen trifft sie fast der Schlag: Das Finanzamt hat die Einkünfte ihres Ehemannes Dagobert mit einer 0 zu viel angesetzt und die Einkünfte aus Vermietung und Verpachtung ausschließlich dem Ehemann zugerechnet anstatt beiden jeweils zur Hälfte. Daraufhin schickt sie dem Finanzamt einen Einspruch. Im Eifer des Gefechts hat sie jedoch völlig vergessen, ihren Mann in dem Schreiben zu erwähnen oder ihn mit unterschreiben zu lassen.

Das Finanzamt wird den Ehemann zum Einspruchsverfahren hinzuziehen und eine entsprechende Hinzuziehungsverfügung erlassen. Damit wird Dagobert zum Beteiligten des Einspruchsverfahrens.

7.2.2 Notwendige Hinzuziehung

Bei der notwendigen Hinzuziehung sind ebenfalls Dritte von der Entscheidung über den Einspruch betroffen. Im Unterschied zur einfachen Hinzuziehung kann die Entscheidung bei der notwendigen Hinzuziehung jedoch nur einheitlich erfolgen. Deshalb handelt es sich auch nicht um eine Ermessensentscheidung des Finanzamtes, sondern um eine Pflicht, denn es heißt im Gesetz: „… ist hinzuzuziehen …". Im Unterschied zur einfachen

Hinzuziehung, können aber nur Personen notwendig hinzugezogen werden, die selbst einspruchsbefugt sind. Das ergibt sich aus dem Gesetzeswortlaut des § 360 Abs. 3 AO.

Davon Gebrauch gemacht wird vor allem bei den einheitlichen und gesonderten Feststellungen. Hinzugezogen werden kann allerdings nur derjenige, der nach § 352 AO eine Einspruchsbefugnis hat, selbst allerdings keinen Einspruch eingelegt hat (vgl. Bayerisches Landesamt für Steuern, 14.07.2014, S 0622.1.1 – 23/2 St 42).

Bei Ehegatten kommt eine notwendige Hinzuziehung in Betracht, wenn Streitigkeiten darüber bestehen, ob zusammen oder getrennt veranlagt werden soll. In diesen Fällen ist der nicht Einspruch führende Ehegatte notwendig hinzuzuziehen[2].

Beispiel

Hans und Heike Herzschmerz haben keinen guten Start in das neue Jahr 2019 erwischt. In 2018 war ihre Welt noch rosarot, in 2019 stehen sie vor den Scherben ihrer Ehe und trennen sich. Als der Einkommensteuerbescheid für 2016 wegen der Höhe der Beteiligungseinkünfte geändert wird, legt Hans Herzschmerz Einspruch gegen die Zusammenveranlagung ein und beantragt die getrennte Veranlagung. Das Finanzamt wird Heike zum Einspruchsverfahren notwendig hinzuziehen.

7.2.3 Verfahren der Hinzuziehung

Die Hinzuziehung setzt das Vorliegen eines Einspruchs und die Beteiligtenfähigkeit des Dritten voraus. Zudem darf es sich bei dem Dritten nicht um den Einspruchsführer selbst handeln.

Bevor das Finanzamt Dritte zum Einspruchsverfahren hinzuziehen kann, hat es zuvor den Einspruchsführer zu hören und ihn um eine Stellungnahme zu bitten (§ 360 Abs. 1 Satz 2 AO, Tz. 2 der AEAO zu § 360.). Der Einspruchsführer erhält damit die Möglichkeit, durch Rücknahme des Einspruchs die Hinzuziehung zu vermeiden.

Die Hinzuziehung selbst stellt einen einspruchsfähigen Verwaltungsakt dar[3]. Dagegen können sowohl der Einspruchsführer als auch der Hinzugezogene Einspruch einlegen.

7.2.4 Rechtsfolgen

Ist eine Hinzuziehung erfolgt, besitzt der Hinzugezogene dieselben Rechte wie der Einspruchsführer (gem. § 359 Nr. 2 AO. i. V. m. § 360 Abs. 4 AO), allerdings mit einigen Einschränkungen.

---

[2]OFD Hannover, Verfügung vom 19.05.2004, S 0622 – 713 – StO 321 S 0622 – 228 – StH 46.
[3]BFH, Urteil vom 20.07.1988, I R 174/85, BStBl II 1989 S. 87.

So kann er das Einspruchsverfahren nicht gegen den Willen des Einspruchsführers beenden, d. h. eine Einspruchsrücknahme durch ihn ist nicht möglich (vgl. Bayerisches Landesamt für Steuern, 14.07.2014, S 0622.1.1 – 23/2 St 42). Ferner kann er den Einspruch nicht um weitere Punkte erweitern oder einschränken.

Zudem gilt seine Beteiligtenstellung nur solange, wie das Einspruchsverfahren nicht durch den Einspruchsführer beendet wird. D. h. nimmt dieser seinen Einspruch zurück, erlischt auch die Stellung des Hinzugezogenen als Beteiligter des Einspruchsverfahrens. Er selbst kann das Verfahren nicht fortführen (vgl. BFH-Beschluss vom 10.06.1997, IV B 124/96, BFH/NV 1998 S. 14).

Will das Finanzamt den angefochtenen Verwaltungsakt durch einen Abhilfebescheid gemäß § 172 Abs. 1 Satz 1 Nr. 2 Buchstabe a AO ändern, ohne dem Antrag der Sache nach zu entsprechen, ist auch die Zustimmung des Hinzugezogenen einzuholen (Tz. 4 der AEAO zu § 360). Liegt dem Finanzamt lediglich die Zustimmung des Hinzugezogenen vor, kann es einen Abhilfebescheid nicht erlassen.

7.2.5 Unterlassene Hinzuziehung

Versäumt es das Finanzamt eine Hinzuziehung durchzuführen, sind in Bezug auf die damit verbundenen Rechtsfolgen wieder zwischen der einfachen und der notwendigen Hinzuziehung zu unterscheiden.

Während das Unterlassen bei der einfachen Hinzuziehung lediglich zur Folge hat, dass die Entscheidung gegenüber dem nicht Hinzugezogenen keine Bindungswirkung zukommt, führt ein solches Unterlassen bei einer notwendigen Hinzuziehung zu einem Verfahrensmangel. Dieser macht die Einspruchsentscheidung zwar fehlerhaft, ist allerdings nicht so schwerwiegend, dass er gemäß § 125 AO zur unheilbaren Nichtigkeit der Einspruchsentscheidung führt. Der Fehler kann dadurch geheilt werden, dass im anschließenden Klageverfahren die anderen Beteiligten, deren Interessen vom Klagebegehren berührt werden, gemäß § 60 Abs. 3 Satz 1 FGO beigeladen werden[4].

7.3 Bestandskraft

Ist der Einspruch zulässig, hindert er den angefochtenen Verwaltungsakt daran, bestandskräftig zu werden. Dabei wird zwischen der formellen und materiellen Bestandskraft unterschieden[5].

---

[4]vgl. OFD Hannover, Verfügung vom 19.05.2004, S 0622 – 713 – StO 321 S 0622 – 228 – StH 46.
[5]Vgl. AEAO vor § 347 AEAO.

7.3.1   Materielle Bestandskraft

Mit der materiellen Bestandskraft ist die Verbindlichkeit einer Verwaltungsentscheidung gemeint. Das bedeutet, der Steuerbürger soll sich darauf verlassen können, dass die Finanzverwaltung nicht willkürlich Entscheidungen widerrufen oder ändern kann.

Die materielle Bestandskraft erhält der Verwaltungsakt erst mit seiner Bekanntgabe, da er dann erst wirksam wird und damit alle Beteiligten inhaltlich, d. h. materiell-rechtlich bindet. Bis zu seiner Bekanntgabe kann er noch widerrufen oder zurückgenommen werden.

Ab dem Zeitpunkt seiner Bekanntgabe kann die materielle Bestandskraft des Verwaltungsaktes nur durchbrochen werden, soweit es das Gesetz durch eine Korrekturvorschrift oder Änderungsmöglichkeit zulässt, vgl. hierzu auch Kap. 12.

7.3.2   Formelle Bestandskraft

Die formelle Bestandskraft bezieht sich auf den Zeitpunkt der Unanfechtbarkeit des Verwaltungsaktes. Dieser Zeitpunkt ist gegeben, wenn ein Verwaltungsakt nicht oder nicht mehr mit Rechtsbehelfen angefochten werden kann, d. h. die Einspruchsfrist abgelaufen ist.

Achtung
Unanfechtbarkeit bedeutet nicht Unabänderbarkeit.

Das heißt ein formell bestandskräftiger Verwaltungsakt kann auch noch nach Ablauf der für ihn maßgebenden Rechtsbehelfsfrist geändert werden. Allerdings nur, wenn Änderungsvorschriften zum Tragen kommen und zudem noch keine Festsetzungsverjährung eingetreten ist.

7.3.3   Festsetzungsverjährung

Steuerbescheide dürfen nur erlassen, aufgehoben oder geändert werden, solange die sog. Festsetzungsfrist noch nicht abgelaufen ist. Ab Eintritt der Festsetzungsverjährung heißt es: Rien ne va plus – Nichts geht mehr.

Die Lebensdauer eines Verwaltungsaktes kann, wie in der Abb. 7.2 dargestellt, zusammengefasst werden.

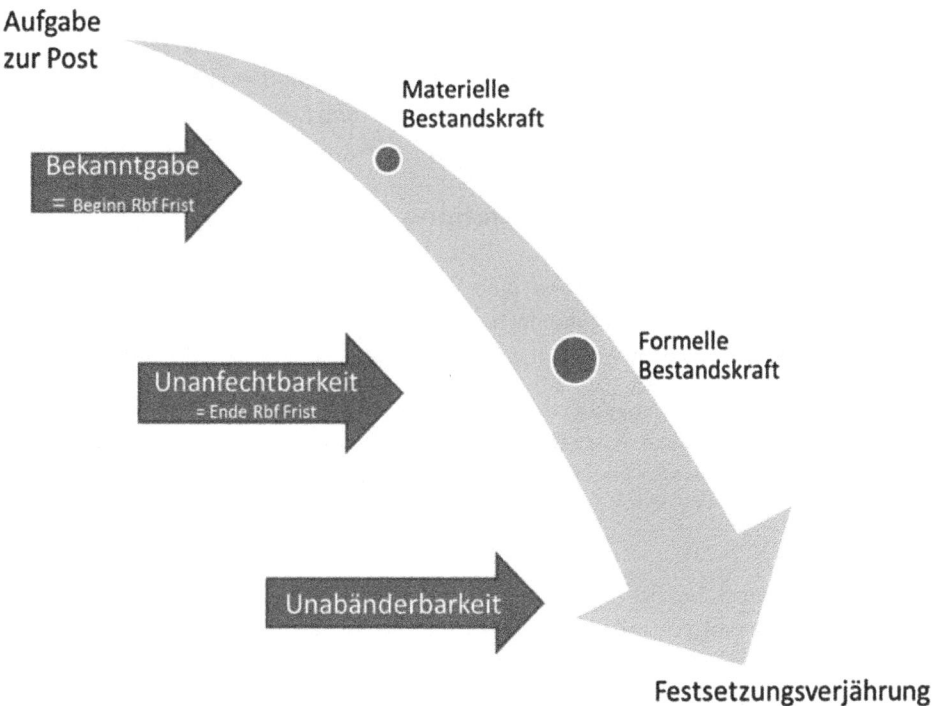

Abb. 7.2 Beginn und Ende eines Verwaltungsaktes

Nachdem sich Einspruchsverfahren auch über Jahre hinweg ziehen können, wäre es ungerechtfertigt, wenn der Entscheidungsprozess durch das Eintreten der Festsetzungsverjährung beeinflusst wird. In der AO[6] lässt sich daher folgende Regelung finden:

> Wird ein Steuerbescheid mit einem Einspruch oder einer Klage angefochten, so läuft die Festsetzungsfrist nicht ab, bevor über den Rechtsbehelf unanfechtbar entschieden ist; dies gilt auch, wenn der Rechtsbehelf erst nach Ablauf der Festsetzungsfrist eingelegt wird. Der Ablauf der Festsetzungsfrist ist hinsichtlich des gesamten Steueranspruchs gehemmt; dies gilt nicht, soweit der Rechtsbehelf unzulässig ist.

Erstreckt sich das Einspruchsverfahren über den Zeitpunkt des Eintritts der regulären Festsetzungsverjährung hinaus, wird der Eintritt bis zur formellen Bestandskraft der Einspruchsentscheidung oder des Abhilfebescheids hinausgeschoben. Dies kommt in der Praxis bei Einsprüchen gegen Erstbescheide eher selten vor. Bei Einsprüchen gegen Änderungsbescheide hingegen häufiger.

---

[6]§ 171 Abs. 3a AO.

▶   **Tipp** Zieht sich das Einspruchsverfahren über die reguläre Festsetzungsverjährungsfrist hinaus, hat die Rücknahme des Einspruchs den sofortigen Eintritt
der Festsetzungsverjährung zur Folge. Im Einzelfall kann dies von Vorteil sein,
beispielsweise im Falle einer drohenden Verböserung (vgl. Tz. 7.5).

7.4   Keine Hemmung der Vollziehung

Enthält der Tenor des Verwaltungsakts eine Verpflichtung, wie z. B. der Steuerbescheid
eine Zahllast, muss der Verpflichtung nachgekommen werden, auch wenn Einspruch eingelegt wurde. Denn nach dem Wortlaut des § 361 Abs. 1 AO gilt:

> Durch Einlegung des Einspruchs wird die Vollziehung des angefochtenen Verwaltungsakts
> vorbehaltlich des Absatzes 4 nicht gehemmt, insbesondere die Erhebung einer Abgabe nicht
> aufgehalten. Entsprechendes gilt bei Anfechtung von Grundlagenbescheiden für die darauf
> beruhenden Folgebescheide.

▶   **Hinweis** Wenn Sie sich auch gegen die Zahlungsverpflichtung im Steuer-
bescheid zur Wehr setzen wollen, müssen Sie Ihren Einspruch noch mit einem
Antrag versehen, der sich Antrag auf Aussetzung der Vollziehung nennt.
Was dabei zu beachten ist, entnehmen Sie dem Kap. 9. Eine entsprechende
Musterformulierung finden Sie bei den Arbeitshilfen unter Abschn. 13.13.

7.5   Gesamtfallaufrollung und Verböserung

Ein zulässiger Einspruch hat zur Folge, dass es aufseiten des Finanzamtes zu einer sog.
Gesamtfallaufrollung des angefochtenen Verwaltungsakts kommt.

Wie aus dem Begriff Gesamtfallaufrollung schon zu erkennen ist, hat das Finanzamt von Amts wegen nicht nur den Punkt zu überprüfen, den der Einspruchsführer
angegriffen hat, sondern es muss darüber hinaus auch die übrigen Bestandteile des Verwaltungsakts überprüfen. Diese Prüfung hat zugunsten des Steuerpflichtigen wie auch zu
seinen Ungunsten zu erfolgen.

Stellt das Finanzamt im Rahmen dieser Gesamtfallaufrollung fest, dass die Einwendungen zwar berechtigt sind, der angefochtene Verwaltungsakt aber auch Fehler
zu Ungunsten des Steuerpflichtigen enthält, kann es diese Fehler im Rahmen des Einspruchsverfahrens beheben.

Das ist selbst dann möglich, wenn die Fehler zu Ungunsten die Änderungen zugunsten
übersteigen. Denn solange das Einspruchsverfahren läuft, kann das Finanzamt den
angefochtenen Verwaltungsakt auch zu Ungunsten des Einspruchsführers ändern. Man
spricht dann vom Verbösern. Bevor das Finanzamt aber eine Verböserung vornehmen

kann, hat es den Einspruchsführer über die Absicht der Verböserung zu informieren[7] und rechtliches Gehör zu gewähren. So bekommt dieser die Möglichkeit, seinen Einspruch zurückzunehmen und den Bescheid in Bestandskraft erwachsen zu lassen.

▶ **Beachte** Zwar kann durch Einspruchsrücknahme eine Verböserung abgewendet werden, sofern jedoch eine Korrekturvorschrift eine Änderung des unanfechtbaren Bescheids ermöglicht, kann das Finanzamt den Fehler zu Ungunsten trotzdem beheben.

Beispiel

Felix Schulze hat gegen seinen Einkommensteuerbescheid Einspruch eingelegt und eine Quittung für eine Spende vorgelegt, die bisher unberücksichtigt geblieben ist. Im Rahmen der Gesamtaufrollung stellt das Finanzamt fest, dass die Einwendungen berechtigt sind, allerdings Betriebsausgaben zu Unrecht steuermindernd berücksichtigt wurden. Selbst bei Berücksichtigung der Spende ergibt sich bei Versagung des Betriebsausgabenabzugs eine höhere Steuerfestsetzung. Das Finanzamt weist darauf hin, dass es bei Aufrechterhaltung des Einspruchs die Spende zwar anerkennen, den Betriebsausgabenabzug aber rückgängig machen wird.

Da das Einspruchsverfahren läuft, kann das Finanzamt verbösern. Wenn Felix Schulze allerdings den Einspruch zurücknimmt, benötigt das Finanzamt eine Korrekturvorschrift, um den Fehler bei den Betriebsausgaben rückgängig machen zu können. Allerdings verzichtet Felix Schulze dann automatisch auf die Steuerminderung durch den Spendenabzug. Besser wäre in diesem Fall gewesen, wenn er einen sog. Antrag auf schlichte Änderung gestellt hätte. Ausführungen dazu finden Sie im Kap. 11.

Wenn das Finanzamt also in der Praxis auf die Möglichkeit der Verböserung hinweist, ist die Einspruchsrücknahme zu empfehlen, wenn es durch die Verböserung zu einer Schlechterstellung kommt als bei Nichtanfechtung des Verwaltungsaktes. Dies gilt aber nur, wenn das Finanzamt den Fehler nicht über eine Korrekturvorschrift beseitigen kann.

Kommt trotz Fehlerbeseitigung immer noch eine Änderung zugunsten des Steuerpflichtigen in Betracht, muss das Finanzamt vor seiner Entscheidung kein rechtliches Gehör gewähren. Es genügt, wenn es die Fehlerbeseitigung im Bescheid erläutert.

7.6   Erörterung des Sach- und Rechtsstands

Bevor das Finanzamt eine Einspruchsentscheidung erlassen kann, soll es die Rechts- und Sachlage erörtern, so sieht es das Gesetz in § 364a AO vor. Einen entsprechenden Antrag des Einspruchsführers bedarf es hierfür nicht zwingend.

---

[7]Nach § 367 Abs. 2 Satz 2 AO.

Durch das Wort „soll" wird klar, dass es sich hier um eine Ermessensentscheidung handelt, d. h. die Steuerbürger können das Finanzamt nicht dazu zwingen, wenn es dies nicht für zweckmäßig erachtet. Allerdings dürfte dies nur selten vorkommen, da die Finanzämter aufgrund ihrer Dienstanweisungen in der AEAO zu § 364a angehalten sind, einem gestellten Antrag nachzukommen.

Daher ist es gut zu wissen, wann das Finanzamt einen Antrag ermessensfehlerfrei ablehnen darf. Das ist der Fall, wenn die beantragte Erörterung offensichtlich nur der Verfahrensverschleppung dient oder es mehr als 10 Beteiligte betrifft und ein von diesen bestimmter Vertreter fehlt. Ferner, wenn das Finanzamt dem Einspruch abhelfen will oder der Einspruch ausgesetzt ist oder ruht.

Eine Form oder Frist sieht das Gesetz für die Erörterung nicht vor. Da es aber schwierig abzuschätzen ist, wann das Finanzamt die Einspruchsentscheidung erlässt, ist ein frühzeitiger Antrag immer ratsam.

Antragsbefugt ist nur der Einspruchsführer, nicht aber hinzugezogene Personen. Diese können aber von Amts wegen zu einer mündlichen Erörterung geladen werden.

Die mündliche Erörterung kann in geeigneten Fällen auch telefonisch durchgeführt werden. Im Hinblick auf die Pflicht zur Wahrung des Steuergeheimnisses muss sich das Finanzamt dann aber über die Identität des Gesprächspartners vergewissern.

Ziel dieser Verfahrensregelung ist die Förderung einer einvernehmlichen Erledigung des Einspruchs und damit auch, Streitfälle von den Finanzgerichten fernzuhalten.

7.7   Fristsetzung nach § 364b AO

Ist die Entscheidung über den Einspruch ganz oder teilweise von der Vorlage von Belegen oder Sachverhaltsangaben abhängig, hat das Finanzamt die Möglichkeit, den Einspruchsführer mit einer Frist zu der Abgabe der Belege aufzufordern. Das Besondere an dieser Frist ist, dass es sich um eine sog. Ausschlussfrist handelt.

▶   **Wichtig** Verstreicht die Frist, bleiben Belege, die der Einspruchsführer nachreicht, unberücksichtigt.

Das Gesetz sieht diese Möglichkeit in den nachfolgenden Fällen vor:

- zur Angabe von Tatsachen, durch deren Berücksichtigung oder Nichtberücksichtigung der Einspruchsführer sich beschwert fühlt,
- zur Erklärung über bestimmte klärungsbedürftige Punkte und
- zur Bezeichnung von Beweismitteln oder zur Vorlage von Urkunden, soweit der Einspruchsführer dazu verpflichtet ist.

Aus dieser Aufzählung lässt sich schon die Zielsetzung dieser Fristsetzung entnehmen. Sie soll dem Missbrauch des Einspruchsverfahrens zu rechtsbehelfsfremden Zwecken entgegenwirken, wenn Einsprüche eingelegt, aber trotz Aufforderung durch das Finanzamt unbegründet bleiben. Gleiches gilt für Einsprüche gegen Schätzbescheide wegen Nichtabgabe der Steuererklärung. Durch den Einspruch verschafft sich der Einspruchsführer mehr Zeit für die Abgabe der Steuererklärung und stellt sicher, dass sie in vollem Umfang berücksichtigt werden kann.

Die Fristsetzung stellt wie auch die Erörterung der Rechts- und Sachlage eine Ermessensentscheidung dar. Sie ist nur gegenüber dem Einspruchsführer möglich. Hinzugezogene scheiden dafür aus.

▶ **Hinweis** Macht das Finanzamt von der Fristsetzung Gebrauch, soll es eine Frist von mindestens einem Monat einräumen. So sieht es zumindest die interne Dienstanweisung in der AEAO (Tz. 2 der AEAO zu § 364b) vor.

Ist ein Steuerbescheid noch mit einem Nachprüfungsvorbehalt versehen, ist davon auszugehen, dass dieser spätestens mit der Fristsetzung vom Finanzamt aufgehoben wird.

Kann die Frist zur Vorlage der entscheidungserheblichen Umstände nicht eingehalten werden, ist eine Verlängerung möglich. Wichtig dabei ist jedoch, dass der Antrag auf Fristverlängerung vor Fristablauf beim Finanzamt eingeht. Geht der Antrag erst nach Ablauf der Frist ein, scheidet eine rückwirkende Verlängerung aus. Dann kann nur unter den Voraussetzungen einer Wiedereinsetzung in den vorigen Stand eine Fristverlängerung gewährt und damit die Rechtsfolgen der Ausschlussfrist vermieden werden.

Da es sich bei der Fristsetzung um eine sog. Ausschlussfrist handelt, bedeutet dies, dass Erklärungen und Beweismittel, die dem Finanzamt erst nach Ablauf der gesetzten Frist vorgebracht werden, allenfalls im Rahmen einer Verböserung berücksichtigt werden können. Das setzt aber voraus, dass das Finanzamt über die Folgen der Fristsetzung belehrt hat. Hat es dies versäumt, tritt die Ausschlusswirkung nicht ein.

Beispiel

Ronny Ratlos hat trotz mehrfacher Aufforderung durch sein Finanzamt seine Einkommensteuererklärung für 2016 noch nicht abgegeben. Im Mai 2018 erhält er daraufhin einen Schätzbescheid für 2016, der eine Zahllast vorsieht. Da die Einkünfte viel zu hoch angesetzt sind, hat Ronny form- und fristgerecht gegen den Schätzbescheid Einspruch eingelegt. Weil er aber viel beschäftigt ist, kommt Ronny Ratlos nicht dazu, seine Belege zusammen zu stellen und es dem Finanzamt zu schicken. Nachdem das Finanzamt Ronny Ratlos mehrfach dazu aufgefordert hat, den Einspruch zu begründen, erhält Ronny Ratlos im Januar 2019 eine Schreiben, in dem das Finanzamt ihn zur Abgabe der Belege bis zum 28.02.2019 auffordert. Eine Belehrung über die Wirkung der Frist ist dem Schreiben enthalten.

Nur wenn Ronny Ratlos die Belege bis zum 28.02.2019 beim Finanzamt einreicht oder bis dahin einen entsprechenden Fristverlängerungsantrag stellt, kann er den Schätzbescheid weiterhin anfechten.

7.8   Zusammenführung mehrerer Verfahren

Das Finanzamt kann Einsprüche zu einer gemeinsamen Entscheidung verbinden. Davon macht es insbesondere Gebrauch, wenn die Entscheidung über einen Einspruch nur einheitlich gegen mehrere Einspruchsführer ergehen kann, wie z. B. bei Feststellungseinkünften. Es gibt aber auch Fälle, dass mehrere Bescheide für verschiedene Jahre zeitgleich ergehen und alle mit denselben Einwendungen angefochten werden, wie z. B. nach einer Außenprüfung.

7.9   Erweiterung des Einspruchs

Solange wie das Einspruchsverfahren offen ist, kann der Einspruch jederzeit erweitert werden, d. h. weitere Belege können nachgereicht oder weitere Einwendungen vorgebracht werden. Auch nur im Einspruchsverfahren mögliche Anträge wie z. B. ein Antrag auf Ruhen des Verfahrens oder Aussetzung der Vollziehung können im Nachhinein noch gestellt werden.

Beispiel

Fritz Frisch legt gegen seinen Einkommensteuerbescheid Einspruch ein, weil ihm Betriebsausgaben zu Unrecht nicht anerkannt wurden. Später stellt er fest, dass er in dem Jahr auch eine Spende getätigt hat.

Da das Einspruchsverfahren läuft, kann der Beleg noch nachgereicht und die Einspruchsbegründung entsprechend ergänzt werden.

Aussetzung und Ruhen des Verfahrens

Einsprüche können mit einen Antrag auf Aussetzung bzw. Ruhen des Verfahrens verbunden werden. Der Antrag verfolgt dabei das Ziel, dass das Einspruchsverfahren zeitweilig nicht fortgeführt und die Entscheidung über den Einspruch vertagt wird.

Es wird zwischen der Aussetzung und dem Ruhen des Verfahrens unterschieden. Denn auch wenn beide Verfahren in einer Vorschrift, nämlich in § 363 AO, enthalten sind, haben sie unterschiedliche Voraussetzungen.

8.1 Aussetzung des Verfahrens

Die Aussetzung des Einspruchsverfahrens kommt nur dann in Betracht, wenn:

- die Entscheidung über den Einspruch von einem Vorverfahren abhängig ist,
- das Vorverfahren sich mit dem Bestehen oder Nichtbestehen eines Rechtsverhältnisses beschäftigt,
- welches Gegenstand eines anhängigen Rechtsstreits ist oder vom Gericht oder einer Verwaltungsbehörde festzustellen ist, und
- das Finanzamt sein Ermessen zugunsten des Einspruchsführers ausübt.

Liegen diese Voraussetzungen vor, wird das Finanzamt sein Ermessen zu Gunsten des Einspruchsführers ausüben und seine Entscheidung über den Einspruch aussetzen, bis Klarheit im Vorverfahren herrscht. Eine Antragstellung ist zwar nicht vorgesehen, wird aber in der Praxis so gehandhabt.

© Springer Fachmedien Wiesbaden GmbH, ein Teil von Springer Nature 2019
S. Meier und U. Rakowski, *Der Einspruch im Steuerrecht,*
https://doi.org/10.1007/978-3-658-27022-3_8

Beispiel

Bernd Bäcker veräußert mit 50 Jahren seinen Bäckereibetrieb wegen dauernder Berufsunfähigkeit. Weil er das 55. Lebensjahr noch nicht vollendet hat, aber dauernd berufsunfähig ist, kann er den daraus erzielten Veräußerungsgewinn um den sog. Veräußerungsfreibetrag mindern. Ein Nachweis über das Vorliegen der dauernden Berufsunfähigkeit liegt der Erklärung nicht bei, weil diesbezüglich ein Verfahren vor dem Sozialgericht anhängig ist.

Da der Einspruch von der Feststellung über das Vorliegen der dauernden Berufsunfähigkeit abhängig ist, kann das Finanzamt das Einspruchsverfahren bis zur Entscheidung des Sozialgerichts nach § 363 Abs. 1 AO aussetzen.

8.2   Ruhen des Verfahrens

Beim Ruhen des Verfahrens sind drei Fälle zu unterscheiden, nämlich

- das sog. Zwangsruhen,
- das Ruhen durch Allgemeinverfügung und
- das Ruhen aus Zweckmäßigkeit.

8.2.1   Zwangsruhe

Zu einem sog. Zwangsruhen im Sinne des § 363 Abs. 2 Satz 2 AO kommt es, wenn die nachfolgenden Punkte erfüllt sind:

- Einspruch
- Antragstellung,
- Anhängiges Verfahren vor einem obersten Bundesgericht, dem BVerfG oder dem EuGH,
- Verfahren betrifft die Verfassungsmäßigkeit einer Rechtsform oder eine Rechtsfrage,
- Antrag bezieht sich auf das anhängige Verfahren, und
- diesbezüglich besteht kein Vorläufigkeitsvermerk.

Da das Gesetz bei Vorliegen der Voraussetzungen das Ruhen des Einspruchsverfahrens anordnet, spricht man auch vom Ruhen kraft Gesetz. Deshalb ist das Finanzamt nach der Verfügung des Bayerischen Landesamts für Steuern, 26.01.2016, S 0622.1.1 – 20/6 St 42 nicht verpflichtet, dem Einspruchsführer das Ruhen kraft Gesetz mitzuteilen. Vielmehr kann er davon ausgehen, dass die Zwangsruhe eingetreten ist, wenn er nichts Gegenteiliges vom Finanzamt hört.

▶ **Hinweis** Bitte achten Sie bei Ihrer Antragstellung darauf, das anhängige Verfahren zu benennen und sicherzustellen, dass es darin um eine Rechtsfrage geht, die auch für Ihren Fall entscheidungserheblich ist. Das ist insbesondere wichtig, wenn Sie sich nicht auf ein beim BFH, sondern beim BGH, BAG, BVerwG oder dem BSG anhängiges Verfahren beziehen. Denn auch diese fallen unter den Begriff des obersten Bundesgerichts[1]. Ferner müssen Sie überprüfen, ob der Verwaltungsakt nicht bereits in diesem Punkt mit einem Vorläufigkeitsvermerk versehen ist. Denn dann hat ihr Antrag keine Aussicht auf Erfolg.

▶ **Tipp** Über die anhängigen Verfahren beim BFH, BVerfG oder dem EuGH kann man sich auf der Homepage des BFH einen Überblick verschaffen: www.bundesfinanzhof.de. Manche Softwareanbieter informieren auch in Form von Newslettern über die wichtigsten anhängigen Verfahren.

8.2.2 Ruhen nach Allgemeinverfügungen

Das Finanzamt kann ein Ruhen des Verfahrens auch durch eine Allgemeinverfügung anordnen. Diese wird im Bundessteuerblatt I öffentlich bekanntgegeben und hat zur Folge, dass alle Einspruchsverfahren, die davon betroffen sind, ruhen. Eine gesonderte Mitteilung an die einzelnen Einspruchsführer ergeht nicht.

8.2.3 Ruhen aus Zweckmäßigkeit

Neben den bereits dargestellten Möglichkeiten der Verfahrensruhe, kommt eine solche auch dann in Betracht, wenn es für das Einspruchsverfahrens zweckmäßig ist. Deshalb spricht man auch vom Ruhen aus Zweckmäßigkeit.

Damit dieses Ruhen möglich ist, müssen die nachfolgenden Kriterien erfüllt sein:

- es liegt ein wichtiger Grund vor,
- das Ruhen ist zweckmäßig,
- die Zustimmung des Einspruchsführers zum Ruhen liegt vor, und
- das Finanzamt übt sein Ermessen zugunsten des Einspruchsführers aus.

Was unter den Kriterien „wichtige Gründe" und „zweckmäßig" zu verstehen ist, lässt sich am besten anhand von Beispielen umschreiben.

---

[1]OFD Niedersachsen, Verfügung vom 28.09.2011, S 0622 – 889- St 141.

So kommt ein Ruhen aus Zweckmäßigkeit in Betracht, wenn Verhandlungen mit den obersten Finanzbehörden noch nicht abgeschlossen sind, die aber für das Einspruchsverfahren maßgebend sind. Oder aber eine Außenprüfung ansteht oder noch läuft. Ein weiteres Beispiel sind Verfahren vor den Finanzgerichten. Handelt es sich bei einem solchen anhängigen Verfahren um einen sog. Musterprozess, der nicht von einem Vorläufigkeitsvermerk erfasst wird, wie z. B. der Frage ob Aufwendungen für bürgerliche Kleidung als Werbungskosten oder Betriebsausgaben abzugsfähig sind[2], wird in der Regel ein wichtiger Grund vorliegen, der zu einem Ruhen aus Zweckmäßigkeitsgründen führen wird. Allerdings zeigen hier die Erfahrungen aus der Praxis, dass die Handhabung bei den Finanzämtern nicht nur von Bundesland zu Bundesland sehr verschieden ist.

▶ **Tipp** Über Musterverfahren informiert meist der Bund der Steuerzahler auf seiner Homepage. Ansonsten sehen nur wenige Gerichte – wie z. B. das Niedersächsische Finanzgericht – einen Hinweis auf wichtige anhängige Verfahren auf ihrer Homepage vor.

8.3   Rechtsfolgen

Sind die Voraussetzungen für eine Verfahrensaussetzung oder Verfahrensruhe erfüllt, kann das Finanzamt über den anhängigen Einspruch in dieser Streitfrage zunächst nicht entscheiden. Das bedeutet, dass insoweit eine Einspruchsentscheidung wie auch der Erlass eines Änderungsbescheids in der streitbefangenen Sache nicht in Betracht kommt (vgl. Tz. 3 zu § 363 AEAO).

Da das Ruhen auch nur einen bestimmten Punkt im Verwaltungsakt betreffen kann, ist es zulässig, wenn das Finanzamt über Fragen, die nicht Anlass der Verfahrensaussetzung oder Verfahrensruhe sind, durch Erlass einer Teil-Einspruchsentscheidung oder eines Teilabhilfebescheids entscheidet (vgl. Tz. 6.1 und Tz. 6.2 zu § 367 AEAO). Ferner ist auch der Erlass von Änderungsbescheiden aus außerhalb des Einspruchsverfahrens liegenden Gründen, wie z. B. Folgeänderung infolge eines Grundlagenbescheids zulässig. Entsprechende Änderungsbescheide werden dann zum Gegenstand des anhängigen Verfahrens (vgl. Tz. 3 zu § 363 AEAO).

▶ **Wichtig** Das Finanzamt kann ein Einspruchsverfahren, das ruht, auch durch Aufnahme eines Vorläufigkeitsvermerks beenden, da der Vorläufigkeitsvermerk denselben Rechtsschutz bietet, wie ein Ruhen des Verfahrens, so der BFH.[3]

---

[2]Anhängiges Verfahren beim BFH, Aktenzeichen VIII R 33/18.

[3]BFH, Urteil v. 23.01.2013, X R 32/08, für allgemein anwendbar erklärt durch BMF-Schreiben vom 03.06.2013.

8.4 Wiederaufnahme des Verfahrens

Auch während einer Verfahrensruhe kann die Entscheidung über den Einspruch wieder aufgenommen und fortgesetzt werden. Dabei spielt es für die Wiederaufnahme des Einspruchsverfahrens keine Rolle, ob es sich um ein Zwangsruhen, ein Ruhen durch Allgemeinverfügung oder ein Ruhen aus Zweckmäßigkeit handelt.

Die Initiative dazu kann sowohl vom Einspruchsführer oder aber vonseiten des Finanzamtes erfolgen (vgl. § 363 Abs. 2 Satz 4 AO).

Will der Einspruchsführer die Verfahrensruhe beenden, muss er einen entsprechenden Antrag stellen oder seine Zustimmung widerrufen. Ist hingegen das Finanzamt der Initiator, kann es die Verfahrensruhe entweder durch Widerruf der Anordnung über das Ruhen – auch Fortsetzungsmitteilung genannt – oder den Erlass einer Einspruchsentscheidung beenden (vgl. Verfügung des Bayerischen Landesamts für Steuern, 26.01.2016, S 0622.1.1 – 20/6 St 42). Für die Fortsetzungsmitteilung ist keine besondere Form vorgesehen. Da das Finanzamt aber nur nach pflichtgemäßem Ermessen von der Fortsetzung des Verfahrens Gebrauch machen darf, muss es die Ermessenserwägungen bei Bedarf mitteilen[4].

Als zureichende Gründe für den Erlass einer Fortsetzungsmitteilung dienen der Finanzverwaltung nach Tz. 4 zu § 363 AEAO folgende Argumente:

- wenn ein weiteres gerichtliches Musterverfahren herbeigeführt werden soll,
- wenn bereits eine Entscheidung des EuGH, des BVerfG oder des obersten Bundesgerichts in einem Parallelverfahren ergangen ist,
- wenn das Begehren des Einspruchsführers letztlich darauf abzielt, seinen Steuerfall „offen zu halten", um von künftigen Änderungen der höchstrichterlichen Rechtsprechung zu derzeit nicht strittigen Fragen zu „profitieren".

Nachdem das Einspruchsverfahren wieder aufgenommen wurde, sind die Finanzämter dazu angehalten, dem Einspruchsführer vor Erlass einer Einspruchsentscheidung die Gelegenheit zu geben, sich erneut zu äußern. So sieht es Tz. 4 zu § 363 AEAO vor.

8.5 Rechtsbehelfsmöglichkeiten

Lehnt das Finanzamt einen Antrag auf Aussetzung oder Ruhen des Verfahrens ab, handelt es sich dabei zwar um einen Verwaltungsakt, ein Einspruch ist aber nicht statthaft. Vielmehr muss Klage gegen die Einspruchsentscheidung erhoben werden (vgl. § 363 Abs. 3 AO).

---

[4]BFH, Urteil v. 26.09.2006, X R 39/05, BStBl 2007 II S. 222.

8.6   Im Kurzüberblick

	Aussetzung	Zwangsruhen	Ruhen aus Zweckmäßigkeit
Gemeinsame Voraussetzung	Vorliegen eines zulässigen Einspruchs		
Weitere Voraussetzungen	• Rechtsstreit über das Bestehen oder Nichtbestehen eines Rechtverhältnisses • Abhängigkeit der Einspruchsentscheidung vom Vorverfahren	• Anhängige Rechtfrage beim BVerfG, EuGH oder einem obersten Bundesgericht • Antragstellung • Bezugnahme auf das Verfahren • Kein Vorläufigkeitsvermerk	• Vorliegen eines wichtigen Grundes • Zweckmäßigkeit des Ruhens • Zustimmung des Einspruchsführers
Rechtsfolgen	Ermessensentscheidung	Ruhen kraft Gesetz	Ermessensentscheidung
Gemeinsame Rechtsfolgen	Verfahrensruhe bis zur Wiederaufnahme des Einspruchsverfahrens		

Aussetzung der Vollziehung

Auch wenn Einspruch erhoben wurde, muss der Adressat des Verwaltungsaktes diesen befolgen, wenn er diesem eine Verpflichtung (in der Regel eine Zahlungsverpflichtung) auferlegt. Dies ergibt sich aus dem Gesetzeswortlaut des § 361 AO, wonach „..durch die Einlegung eines Einspruchs die Vollziehung des angefochtenen Steuerverwaltungsaktes nicht gehemmt, insbesondere die Erhebung einer Abgabe nicht aufgehalten wird".

Die Verpflichtung aus dem angefochtenen Verwaltungsakt kann aber umgangen werden, wenn ein Antrag auf Aussetzung bzw. Aufhebung der Vollziehung gestellt und diesem stattgegeben wird.

Die Unterscheidung zwischen einem Antrag auf Aussetzung und der Aufhebung ist simpel. Ist die Vollziehung bereits durchgeführt, muss der Antrag auf Aufhebung der Vollziehung lauten. Ist sie hingegen noch nicht durchgeführt worden, kommt der Antrag auf Aussetzung der Vollziehung in Betracht.

Beispiel

Klaus Groß hat einen Einspruch gegen seinen Steuerbescheid eingelegt. Die Steuer darin wurde auf 5000 EUR festgesetzt. Die Festsetzung ist aus der Sicht von Klaus Groß viel zu hoch. Er bezahlt den Betrag noch nicht, sondern stellt einen Antrag auf Aussetzung der Vollziehung.

Abwandlung:

Klaus Groß hat den Betrag bereits überwiesen, stellt dann jedoch fest, dass der Bescheid fehlerhaft ist und legt Einspruch ein. Er stellt außerdem einen Antrag auf Aufhebung der Vollziehung.

© Springer Fachmedien Wiesbaden GmbH, ein Teil von Springer Nature 2019
S. Meier und U. Rakowski, *Der Einspruch im Steuerrecht,*
https://doi.org/10.1007/978-3-658-27022-3_9

9.1 Wann kommt die Aussetzung der Vollziehung infrage?

Die Aussetzung der Vollziehung kommt immer dann in Betracht, wenn

- der Steuerverwaltungsakt eine Leistungspflicht vorsieht,
- diese noch nicht erfüllt wurde
- und eine Vollziehung noch nicht durchgeführt wurde.

▶ **Merke** Verbinden Sie Ihren Einspruch mit einem Antrag auf Aussetzung der Vollziehung, können Sie damit erreichen, dass die Erfüllung dieser Leistungspflicht bis zum Abschluss des Einspruchsverfahrens zurückgestellt wird. Je nach Ausgang des Einspruchsverfahrens können jedoch Zinsen, sog. Aussetzungszinsen, anfallen.

Beispiel

Max Moritz erhält einen Einkommensteuerbescheid für 2017, der eine Nachzahlung i. H. v. 3000 EUR vorsieht. Die Nachzahlung beruht darauf, dass das Finanzamt Betriebsausgaben wegen fehlender Belege gekürzt hat. Max legt nach dem Erhalt des Bescheids gleich Einspruch ein und beantragt die Zahllast über 2000 EUR auszusetzen, da er insoweit noch Belege nachreichen wird.

Gibt das Finanzamt dem Antrag statt, reduziert sich die Zahllast vorläufig auf 1000 EUR.

9.2 Aufhebung der Vollziehung

Wurde der angefochtene Verwaltungsakt bereits vollständig oder teilweise vollzogen, spricht man von der Aufhebung der Vollziehung. Sie wirkt in die Vergangenheit zurück und führt dazu, dass bereits erbrachte Zahlungen zurückgewährt werden und die Richtigkeit der Leistungspflicht bis zum Abschluss des Einspruchsverfahrens zurückgestellt wird.

Bestand die Leistungspflicht des Verwaltungsaktes in einer Zahlungspflicht, hat der Steuerpflichtige in diesen Fällen einen Erstattungsanspruch in Höhe des Aufhebungsbetrags gegenüber dem Finanzamt.

Abwandlung zum obigen Beispiel

Max Moritz hat zunächst das Leistungsgebot befolgt und 3000 EUR an das Finanzamt überwiesen. Doch dann beschließt er, gegen den gekürzten Betriebsausgabenabzug vorzugehen und verbindet seinen Einspruch mit einem Antrag auf Aufhebung der Vollziehung.

Gibt das Finanzamt dem Antrag statt, hat Max Moritz in Höhe der 2000 EUR einen Erstattungsanspruch gegenüber dem Finanzamt.

▶   **Merke** Während also die Aussetzung der Vollziehung für die Zukunft
wirkt, bewirkt die Aufhebung der Vollziehung eine Rückgängigmachung
von geleisteten Zahlungen. Als Einspruchsführer haben Sie damit einen
Erstattungsanspruch gegenüber dem Finanzamt.

9.3   Voraussetzungen

Bei der Antragstellung auf Aussetzung bzw. Aufhebung der Vollziehung müssen folgende Voraussetzungen erfüllt sein:

- Vorliegen eines zulässigen Einspruchs,
- Vollziehbarkeit des angefochtenen Steuerverwaltungsaktes,
- Vorliegen eines Aussetzungsgrundes,
- ggf. ein entsprechender Antrag.

9.3.1   Vorliegen eines Einspruchs

Die Aussetzung wie auch die Aufhebung der Vollziehung ist nur möglich, wenn
der Verwaltungsakt, dessen Vollziehung ausgesetzt oder aufgehoben werden soll,
mit dem Einspruch angefochten wird und das Rechtsbehelfsverfahren noch nicht
abgeschlossen ist.

Da der Antrag auf Aussetzung oder Aufhebung der Vollziehung nur in Verbindung
mit einem Einspruch möglich ist, kommt die Aussetzung der Vollziehung daher nicht
in Betracht, wenn statt des Einspruchs ein Korrekturantrag oder ein sog. Antrag auf
schlichte Änderung gestellt wurde.

Beispiel

Peter Superschlau hat in seinem Steuerbescheid einen Tippfehler entdeckt. Statt
5200 EUR Betriebsausgaben wurden nur 2500 EUR berücksichtigt. Er greift zum
Telefon und ruft seine Sachbearbeiterin beim Finanzamt an. Die entdeckt den Fehler ebenfalls sofort, entschuldigt sich für das Versehen und sagt ihm, dass sie das
problemlos ändern kann. Peter Petersen muss also nicht extra Einspruch einlegen –
das läuft unter einem mündlichen Antrag auf schlichte Änderung (vgl. Kap. 11).
Nach dem Anruf fällt Peter Superschlau ein, dass er bis der Änderungsbescheid
kommt, einen Antrag auf Aussetzung der Vollziehung stellen könnte. Diesen schickt
er noch am selben Tag per Mail zum Finanzamt und schreibt: „hiermit stelle ich im
Hinblick auf meinen Antrag auf schlichte Änderung einen Antrag auf Aussetzung
der Vollziehung". Dieser Antrag wird vom Finanzamt mangels Einspruch abgelehnt
werden.

9.3.2 Vollziehbarkeit

Die Aussetzung der Vollziehung setzt nach dem Gesetzeswortlaut die Vollziehbarkeit des Verwaltungsaktes voraus.

Vollziehbar sind nach der Tz. 2.3.1. und Tz. 2.3.2. der AEAO zu § 361 AO insbesondere die nachfolgenden Verwaltungsakte:

- die eine (positive) Steuer festsetzenden Steuerbescheide,
- Steuerbescheide über 0 EUR, die einen vorhergehenden Steuerbescheid über einen negativen Betrag ändern,
- Vorauszahlungsbescheide bis zum Erlass des Jahressteuerbescheids,
- Bescheide, mit denen der Vorbehalt der Nachprüfung aufgehoben wird,
- Abrechnungsbescheide nach § 218 Abs. 2, die eine Zahlungsschuld feststellen,
- Mitteilungen nach § 141 Abs. 2 über die Verpflichtung zur Buchführung,
- Leistungsgebote,
- der Widerruf einer Stundung,
- die völlige oder teilweise Ablehnung eines Antrags auf Eintragung eines Freibetrags auf der Lohnsteuerkarte,
- Außenprüfungsanordnungen.

Nicht vollziehbar sind dagegen nach der AEAO insbesondere:

- erstmalige Steuerbescheide über 0 EUR, auch wenn der Steuerpflichtige die Festsetzung einer negativen Steuer begehrt,
- auf eine negative Steuerschuld lautende Steuerbescheide, wenn der Steuerpflichtige eine Erhöhung des negativen Betrags begehrt,
- Verwaltungsakte, die den Erlass oder die Korrektur eines Verwaltungsaktes ablehnen, z. B. Ablehnung eines Änderungsbescheids, Ablehnung der Herabsetzung bestandskräftig festgesetzter Vorauszahlungen, Ablehnung einer Stundung oder eines Erlasses,
- die Ablehnung einer Billigkeitsmaßnahme i. S. d. § 163 AO, die Ablehnung der Erteilung einer Freistellungsbescheinigung nach § 44a Abs. 5 EStG

oder einer Freistellung vom Quellensteuerabzug nach § 50a Abs. 4 EStG

- verbindliche Auskünfte (§ 89 Abs. 2 AO; § 2 StAuskV), verbindliche Zusagen (§§ 204 bis 207 AO) und Lohnsteueranrufungsauskünfte (§ 42e EStG), unabhängig davon, ob sie der Rechtsauffassung des Steuerpflichtigen entsprechen oder nicht, sowie die Ablehnung, eine verbindliche Auskunft, eine verbindliche Zusage oder eine Lohnsteueranrufungsauskunft zu erteilen.

9.3.3 Vorliegen eines Aussetzungsgrundes

Um in den Genuss einer Aussetzung oder Aufhebung der Vollziehung zu gelangen, muss ein Aussetzungsgrund vorliegen. Davon gibt es zwei an der Zahl:

- Es bestehen ernstliche Zweifel an der Rechtmäßigkeit des angefochtenen Verwaltungsaktes oder
- die Vollziehung hätte für den Betroffenen eine unbillige, nicht durch überwiegende öffentliche Interessen gebotene Härte zur Folge.

9.3.3.1 Ernstliche Zweifel

In der Tz. 5 der AEAO zu § 361 wird das Kriterium „Ernstliche Zweifel" wie folgt beschrieben:

„Zur Aussetzung berechtigende ernstliche Zweifel an der Rechtmäßigkeit des angefochtenen Verwaltungsaktes bestehen, wenn eine summarische Prüfung ergibt, dass neben den für die Rechtmäßigkeit sprechenden Umständen gewichtige gegen die Rechtmäßigkeit sprechende Gründe zutage treten, die Unentschiedenheit oder Unsicherheit in der Beurteilung der Rechtsfragen oder Unklarheit in der Beurteilung der Tatfragen bewirken. Dabei brauchen die für die Unrechtmäßigkeit des Verwaltungsaktes sprechenden Bedenken nicht zu überwiegen, d. h. ein Erfolg des Steuerpflichtigen muss nicht wahrscheinlicher sein als ein Misserfolg".

Die Tz. 2.5.2. und Tz. 2.5.3. der AEAO zu § 361 zählen beispielshaft auf, wann ernstliche Zweifel an der Rechtmäßigkeit des Verwaltungsaktes vorliegen und wann nicht. Positiv ist genannt:

- wenn die Behörde bewusst oder unbewusst von einer für den Antragsteller günstigen Rechtsprechung des BFH abgewichen ist,
- wenn der BFH noch nicht zu der Rechtsfrage Stellung genommen hat und die Finanzgerichte unterschiedliche Rechtsauffassungen vertreten,
- wenn die Gesetzeslage unklar ist, die streitige Rechtsfrage vom BFH noch nicht entschieden ist, im Schrifttum Bedenken gegen die Rechtsauslegung des Finanzamt erhoben werden und die Finanzverwaltung die Zweifelsfrage in der Vergangenheit nicht einheitlich beurteilt hat,
- wenn eine Rechtsfrage von zwei obersten Bundesgerichten oder zwei Senaten des BFH unterschiedlich entschieden worden ist oder widersprüchliche Urteile desselben BFH-Senats vorliegen.

Negativ ist genannt:

- wenn der Verwaltungsakt der höchstrichterlichen Rechtsprechung entspricht, und zwar auch dann, wenn einzelne Finanzgerichte eine von der höchstrichterlichen Rechtsprechung abweichende Auffassung vertreten,
- wenn der Rechtsbehelf unzulässig ist.

Sind die Erfolgsaussichten des Einspruchs gering, dient der Antrag auf Aussetzung der Vollziehung daher primär dazu, die Zahlung hinauszuzögern, wird das Finanzamt ebenfalls keine Aussetzung der Vollziehung gewähren. Gleiches gilt, wenn zwar Einspruch erhoben wird, die Begründung aber erst nachgereicht wird. In diesem Fall kann das Finanzamt weder die Erfolgsaussichten noch die Aussetzungsgründe prüfen. Daher empfiehlt es sich in diesen Fällen, die Begründung und den Umfang des Antrags auf Aussetzung der Vollziehung umgehend nachzuholen.

9.3.3.2 Unbillige Härte

Unbillige Härte als Aussetzungsgrund liegt nach der Tz. 2.6. der AEAO zu § 361 vor:

> „... wenn bei sofortiger Vollziehung dem Betroffenen Nachteile drohen würden, die über die eigentliche Realisierung des Verwaltungsaktes hinausgehen, indem sie vom Betroffenen ein Tun, Dulden oder Unterlassen fordern, dessen nachteilige Folgen nicht mehr oder nur schwer rückgängig gemacht werden können oder existenzbedrohend sind."

Vereinfacht ausgedrückt: seine Leistungsfähigkeit mindern würde.

Hat der Einspruch jedoch keine Aussicht auf Erfolg, scheidet eine Aussetzung der Vollziehung wegen unbilliger Härte aus.[1]

9.3.4   Antragstellung

Während im Falle von ernstlichen Zweifeln eine Antragstellung des Einspruchsführers zwingend vorgesehen ist, kann das Finanzamt bei unbilliger Härte auch ohne Antrag die Vollziehung aufheben oder aussetzen. Von dieser Möglichkeit wird insbesondere dann Gebrauch gemacht, wenn der Rechtsbehelf offensichtlich begründet ist, der Abhilfebescheid aber voraussichtlich nicht mehr vor Fälligkeit der geforderten Steuer ergehen kann.

9.4   Ermessensentscheidung

Bei der Entscheidung über den Antrag auf Aussetzung bzw. Aufhebung der Vollziehung handelt es sich um eine Ermessensentscheidung der Finanzverwaltung.[2] Allerdings reduziert sich dieser Ermessensspielraum auf Null, wenn ernstliche Zweifel an der Rechtmäßigkeit vorliegen. Denn nach der AEAO hat die Finanzverwaltung den gesetzlichen Ermessensspielraum im Interesse der Steuerpflichtigen stets voll auszuschöpfen.[3]

---

[1]Tz. 2.6. der AEAO zu § 361.
[2]Tz. 2.4. der AEAO zu § 361.
[3]Tz. 2.4. der AEAO zu § 361.

Über Anträge auf Aussetzung der Vollziehung hat das Finanzamt unverzüglich zu entscheiden. Solange über den vom Einspruchsführer gestellten Antrag noch nicht entschieden ist, sind die Finanzämter angehalten, Vollstreckungsmaßnahmen zu unterlassen.

▶ **Tipp** Das gelingt in der Praxis aber nicht immer. Es kann sich daher lohnen, hier kurz mit dem Finanzamt bzw. der Vollstreckungsstelle telefonisch Kontakt aufzunehmen. Davon müssen Sie jedoch wieder Abstand nehmen, wenn Ihr Antrag aussichtslos ist und offensichtlich nur ein Hinausschieben der Vollstreckung bezweckt oder Gefahr im Verzug besteht.

9.5 Wirkung der Aussetzung der Vollziehung

Entscheidet das Finanzamt positiv über den Antrag, löst dies folgende Wirkungen aus:

- Die Leistungspflicht des Verwaltungsaktes wird über die Fälligkeit hinausgeschoben.
- Die Vollziehung des Verwaltungsakts ist ausgesetzt; Vollstreckungsmaßnahmen sollen unterbleiben bzw. sind aufzuheben.
- Es entstehen keine Säumniszuschläge für die Dauer der Aussetzung der Vollziehung, bereits entstandene Säumniszuschläge entfallen durch rückwirkende Gewährung der Aussetzung der Vollziehung.
- Unterliegt der Einspruchsführer am Ende, wird der Steueranspruch verzinst.
- Die Zahlungsverjährung wird unterbrochen.

9.6 Zuständige Behörde

Zuständig für die Aussetzung oder Aufhebung der Vollziehung ist immer das Finanzamt, das den angefochtenen Verwaltungsakt erlassen hat. Bei einem Zuständigkeitswechsel ist auch das Verfahren über Aussetzung der Vollziehung betroffen.

9.7 Summarische Prüfung

Die Entscheidung über die Aussetzung der Vollziehung ergeht in einem summarischen Verfahren. Während die Begründetheit des Rechtsbehelfs im Rahmen dieses Verfahrens nur in einem begrenzten Umfang zu prüfen ist, sind dafür die Sachentscheidungsvoraussetzungen für die Vollziehungsaussetzung wie z. B. die Anhängigkeit eines förmlichen Rechtsbehelfs, eingehend und daher nicht nur summarisch zu prüfen.

9.8   Umfang der Aussetzung

Der Umfang der Aussetzung richtet sich nach den Aussetzungsgründen. Diese können den angefochtenen Verwaltungsakt im Ganzen erfassen oder nur einen Teil davon.

Richtet sich der Antrag auf Aussetzung der Vollziehung gegen einen Steuerbescheid, erstreckt sich die Aussetzung bzw. Aufhebung der Vollziehung nur auf die festgesetzte Steuer, vermindert um die anzurechnenden Steuerabzugsbeträge, um die anzurechnende Körperschaftsteuer und um die festgesetzten Vorauszahlungen.

▶   **Merke** Zu Erstattungen von Vorauszahlungen oder Abzugsbeträgen kann es daher im Rahmen eines Verfahrens über die Aussetzung der Vollziehung nicht kommen.

9.9   Dauer der Vollziehung

Da im Gesetz nichts über den Beginn und das Ende einer Aussetzung bzw. Aufhebung einer Vollziehung zu finden ist, lohnt der Blick in die Tz. 8 der AEAO zu § 361. Danach gilt:

9.9.1   Beginn

Die Aussetzung der Vollziehung kann grundsätzlich frühestens mit dem Tag der Fälligkeit beginnen. Sie kann aber auch rückwirkend ausgesprochen werden. Es gelten folgende Grundregeln:

Wird der Antrag vor Fälligkeit der strittigen Steuerforderung gestellt und ist der Antrag begründet, wird das Finanzamt die Aussetzung der Vollziehung ab dem Fälligkeitstag gewähren. Ein späterer Zeitpunkt kann es nur in begründeten Ausnahmefällen anordnen. So z. B. wenn in Schätzungsfällen die Einspruchsbegründung oder der Aussetzungsantrag unangemessen hinausgezögert wird und daher das Finanzamt vorher keinen Anlass hatte, die Rechtmäßigkeit des Bescheides anzuzweifeln.

Wird hingegen der Antrag nach der Fälligkeit gestellt, wird das Finanzamt gewöhnlich die Aussetzung der Vollziehung nicht bereits ab Fälligkeit, sondern meist erst ab Bekanntgabe der Aussetzungs- bzw. Aufhebungsverfügung aussprechen.

Bei fehlenden Angaben über den Beginn gilt die Aussetzung der Vollziehung ab der wirksamen Bekanntgabe der Aussetzungs- bzw. Aufhebungsverfügung als gewährt.

9.9.2   Ende

Die Aussetzung der Vollziehung endet an dem Tag, der in der Aussetzungs-/Aufhebungs-verfügung genannt ist. Fehlt eine datumsmäßige Befristung, weist die Tz. 8.2.1 der AEAO zu § 361 die Finanzämter an, das Ende auf einen Monat nach der Bekanntgabe der Einspruchsentscheidung zu legen. Einer Aufhebung der Aussetzungs-/Aufhebungs-verfügung bedarf es in einem solchen Fall nicht.

Wird der Einspruch zurückgenommen, gilt eine Monatsfrist ab Eingang der Erklärung über die Rücknahme des Einspruchs.

Wird der ausgesetzte Steuerverwaltungsakt geändert oder ersetzt und erledigt sich die bisher gewährte Aussetzung/Aufhebung der Vollziehung, bedarf es auch hier keiner Auf-hebung der Vollziehungsaussetzungs(aufhebungs)verfügung. Ergibt sich daraus aber eine Nachzahlung der bisher in der Vollziehung ausgesetzten Beträge, räumen die Finanz-ämter i. d. R. eine einmonatige Zahlungsfrist ein.

Erledigt der geänderte Steuerverwaltungsakt die Aussetzung der Vollziehung nicht, ist auf der Grundlage des neuen Verwaltungsaktes erneut über die Aussetzung bzw. Auf-hebung der Vollziehung zu entscheiden. Dies gilt auch, wenn ein in der Vollziehung ausgesetzter Vorauszahlungsbescheid durch die Jahressteuerfestsetzung ersetzt wird.

9.10   Nebenbestimmungen zur Aussetzung

Als Nebenbestimmungen zur Aussetzung der Vollziehung kommen der Widerrufsvor-behalt und die Gewährung gegen Sicherheitsleistung in Betracht.

9.10.1   Widerrufsvorbehalt

Die Finanzämter sind aufgrund der Bestimmungen in der AEAO zu § 361 dazu angehalten, den Steuerverwaltungsakt über die Aussetzung/Aufhebung der Vollziehung mit dem Vorbehalt des Widerrufs zu versehen.

Da der Widerrufsvorbehalt Korrekturen einfacher macht, ist er fast jeder Anordnung über die Aussetzung der Vollziehung beigefügt (vgl. hierzu auch §§ 130, 131 AO).

9.10.2   Sicherheitsleistung

Die Finanzämter können die Aussetzung oder Aufhebung der Vollziehung auch von einer Sicherheitsleistung abhängig machen. Ob sie davon Gebrauch machen, entscheiden sie nach pflichtgemäßem Ermessen. Allerdings müssen sie dabei den Grundsatz der Verhält-nismäßigkeit beachten.

In der Praxis werden Sicherheitsleistungen dann angeordnet, wenn die wirtschaftliche Lage des Einspruchsführers die Steuerforderung als gefährdet erscheinen lässt und damit die Aussetzung die Durchsetzung des Steueranspruchs infrage stellt. Als Beispiel nennt die Tz. 9.2.2. der AEAO zu § 361 den Fall, dass der Steuerbescheid nach erfolglosem Rechtsbehelf im Ausland vollstreckt werden müsste.

Ein Verstoß gegen den Grundsatz der Verhältnismäßigkeit wäre jedoch, wenn die Zweifel an der Rechtmäßigkeit des Verwaltungsaktes so bedeutsam sind, dass mit großer Wahrscheinlichkeit die Aufhebung des Verwaltungsaktes zu erwarten ist. Dann darf keine Sicherheitsleistung angeordnet werden.

Kann der Steuerpflichtige trotz zumutbarer Anstrengung eine Sicherheit nicht leisten, darf eine Sicherheitsleistung in den Fällen wegen ernstlicher Zweifel an der Rechtmäßigkeit des angefochtenen Verwaltungsaktes nicht verlangt werden. Soll die Aussetzung wegen unbilliger Härte erfolgen, ist die Anordnung bei Gefährdung des Steueranspruchs immer erforderlich.

Die möglichen Arten der Sicherheitsleistung finden sich in § 241 AO. Zu ihnen zählt z. B. die Hinterlegung von Zahlungsmitteln oder Verpfändungen.

Die Anordnung einer Sicherheitsleistung kann nur zusammen mit der Entscheidung über den Antrag auf Aussetzung der Vollziehung angefochten werden, da sie eine unselbstständige Nebenbestimmung in Form einer aufschiebenden Bedingung ist.

Eine Aussetzung/Aufhebung der Vollziehung gegen Sicherheitsleistung wird erst wirksam, wenn sie geleistet worden ist. In der Aussetzungs- bzw. Aufhebungsverfügung ist deshalb eine Frist für die Sicherheitsleistung zu setzen. Wird die Sicherheit innerhalb der Frist nicht erbracht, muss das Finanzamt auf die Rechtsfolgen hinweisen und zur Zahlung auffordern.

9.11   Berechnung der auszusetzenden Zinsen

Unabhängig vom Ausgang des Verfahrens über die Aussetzung der Vollziehung muss das Finanzamt die Höhe der auszusetzenden Steuer in jedem Fall berechnen.

Bei Steuerbescheiden ist die Aussetzung wie die Aufhebung der Vollziehung auf die festgesetzte Steuer, vermindert um die anzurechnenden Steuerabzugsbeträge, um die anzurechnende Körperschaftsteuer und um die festgesetzten Vorauszahlungen, beschränkt.

Wird ein Steuerbescheid zum Nachteil des Steuerpflichtigen geändert oder berichtigt, kann hinsichtlich des sich ergebenden Mehrbetrags die Aussetzung der Vollziehung unabhängig von den oben genannten Beschränkungen gewährt werden.

Für die Berechnung des auszusetzenden Betrags sind nach der Tz. 4 der AEAO zu § 361 folgende Fälle zu unterscheiden:

9.11.1 Die streitbefangene Steuer ist *kleiner* als die Abschlusszahlung

> **Beispiel**
>
> | | |
> |---|---|
> | Festgesetzte Steuer | 15.000 EUR |
> | Festgesetzte und entrichtete Vorauszahlungen | 8000 EUR |
> | Abschlusszahlung | 7000 EUR |
> | Streitbefangene Steuer | 5000 EUR |

Die Vollziehung ist i. H. v. 5000 EUR auszusetzen. Der Restbetrag i. H. v. 2000 EUR ist am Fälligkeitstag zu entrichten.

9.11.2 Die streitbefangene Steuer ist *kleiner* als die Abschlusszahlung einschließlich nicht geleisteter Vorauszahlungen

> **Beispiel**
>
> | | |
> |---|---|
> | Festgesetzte Steuer | 15.000 EUR |
> | Festgesetzte Vorauszahlungen | 8000 EUR |
> | Entrichtete Vorauszahlungen | 5000 EUR |
> | Rückständige Vorauszahlungen | 3000 EUR |
> | Anzurechnende Abzugsbeträge | 4000 EUR |
> | Abschlusszahlung | 6000 EUR |
> | Streitbefangene Steuer | 5000 EUR |

Die Vollziehung ist nur i. H. v. 3000 EUR auszusetzen (15.000 EUR – festgesetzte Steuer –./. 8000 EUR – festgesetzte Vorauszahlungen –./. 4000 EUR – anzurechnende Steuerabzugsbeträge –). Die rückständigen Vorauszahlungen i. H. v. 3000 EUR sind sofort zu entrichten.

9.11.3 Die streitbefangene Steuer ist *größer* als die Abschlusszahlung

> **Beispiel**
>
> | | |
> |---|---|
> | Festgesetzte Steuer | 15.000 EUR |
> | Festgesetzte und entrichtete Vorauszahlungen | 8000 EUR |
> | Anzurechnende Steuerabzugsbeträge | 4000 EUR |
> | Abschlusszahlung | 3000 EUR |
> | Streitbefangene Steuer | 5000 EUR |

Die Vollziehung ist nur i. H. v. 3000 EUR auszusetzen (15.000 EUR – festgesetzte Steuer./. 8000 EUR – festgesetzte Vorauszahlungen –./.4000 EUR – anzurechnende Steuerabzugsbeträge –). Die Abschlusszahlung muss nicht geleistet werden, solange die Aussetzung der Vollziehung wirksam ist.

9.11.4 Die streitbefangene Steuer ist *größer* als die Abschlusszahlung einschließlich nicht geleisteter Vorauszahlungen

Beispiel

Festgesetzte Steuer	15.000 EUR
Festgesetzte Vorauszahlungen	8000 EUR
Entrichtete Vorauszahlungen	5000 EUR
Rückständige Vorauszahlungen	3000 EUR
Anzurechnende Abzugsbeträge	6000 EUR
Abschlusszahlung einschl. der rückständigen VZ	4000 EUR
Streitbefangene Steuer	5000 EUR

Die Vollziehung ist nur i. H. v. 1000 EUR auszusetzen (15.000 EUR – festgesetzte Steuer –./. 8000 EUR – festgesetzte Vorauszahlungen –./. 6000 EUR – anzurechnende Steuerabzugsbeträge –). Die rückständigen Vorauszahlungen i. H. v. 3000 EUR sind sofort zu entrichten.

9.11.5 Die Steuerfestsetzung führt zu einer *Erstattung*

Beispiel

Festgesetzte Steuer	15.000 EUR
Festgesetzte und entrichtete Vorauszahlungen	12.000 EUR
Anzurechnende Steuerabzugsbeträge	5000 EUR
Erstattungsbetrag	2000 EUR
Streitbefangene Steuer	5000 EUR

Eine Aussetzung der Vollziehung ist nicht möglich (15.000 EUR – festgesetzte Steuer –./.12.000 EUR – festgesetzte Vorauszahlungen./.5000 EUR – anzurechnende Steuerabzugsbeträge –).

9.11.6 Verzinsung

Die Verzinsung des ausgesetzten Betrags erfolgt nach den allgemeinen Grundsätzen der Zinsberechnung[4]. Es werden nur volle Zinsmonate herangezogen. Die Verzinsung erfolgt mit 0,5 % je Monat, wobei zuvor der zu verzinsende Betrag auf den nächsten durch 50 teilbaren Betrag abzurunden ist.

Der Zinslauf für Aussetzungszinsen beginnt vom Tag des Eingangs des außergerichtlichen Rechtsbehelfs, frühestens vom Tag der Fälligkeit an, oder von der Rechtshängigkeit an bis zu dem Tag, an dem die gewährte Aussetzung der Vollziehung endet. Wird die Aussetzung der Vollziehung erst später gewährt, werden Zinsen erst vom Tag des Beginns der Vollziehungsaussetzung erhoben.

Sind Zinsen festzusetzen, erfolgt dies durch einen Zinsbescheid. Allerdings erst, wenn die festzusetzenden Zinsen mindestens 10 EUR betragen. Er kann, muss aber nicht mit der Steuerfestsetzung verbunden sein.

Beispiel

Max Moritz hat gegen seinen Einkommensteuerbescheid, der eine festgesetzte Einkommensteuer von 3000 EUR vorgesehen hat, einen Antrag auf Aussetzung der Vollziehung in selbiger Höhe gestellt. Dieser wurde ab dem 12. Januar 2018 gewährt. Im Rahmen der Gesamtaufrollung stellt sich der Einspruch jedoch als unbegründet dar. Das Einspruchsverfahren wird am 31. Oktober 2018 beendet. Zu diesem Tag endet auch die Aussetzung der Vollziehung.

Die ausgesetzte Steuer i. H. v. 3000 EUR ist für den Zeitraum vom 12. Januar 2018 bis zum 31. Oktober 2018 zu verzinsen. Der Zinslauf beginnt am 12. Januar und endet am 31. Oktober 2018. Es sind 9 volle Zinsmonate entstanden.

Die Aussetzungszinsen betragen: 9 * 0,5 % = 4,5 % * 3000 EUR = 135 EUR.

▶ **Hinweis** Da die Verfassungsmäßigkeit des Zinssatzes von 0,5 % Gegenstand zahlreicher Gerichtsverfahren ist, ergehen Zinsfestsetzungen in diesem Punkt nach dem BMF Schreiben vom 02.05.2019, IV A 3 -S 0338/18/10002 vorläufig. Die aktuellen Entwicklungen dazu sollten im Auge behalten werden.

9.12 Rechtsbehelfsmöglichkeiten

Lehnt das Finanzamt den Antrag auf Aussetzung bzw. Aufhebung der Vollziehung ab, stehen zwei Wege offen, dagegen vorzugehen. Entweder man

---

[4]Vgl. § 238 ff. AO.

- erhebt Einspruch gegen die Entscheidung oder
- stellt einen Antrag auf Aussetzung der Vollziehung beim zuständigen Finanzgericht.

Der Weg zum Gericht ist aber nur in den nachfolgenden Fällen zulässig:

- das Finanzamt hat den Antrag ganz oder teilweise abgelehnt, oder
- eine Vollstreckung droht.

Unterlässt es das Finanzamt, über den Antrag ohne die Mitteilung eines zureichenden Grundes in angemessener Frist sachlich zu entscheiden, ist ein Untätigkeitseinspruch denkbar (vgl. Abschn. 5.1.2).

Ablehnungen kommen in der Praxis häufig in Betracht, wenn die Voraussetzungen für die Aussetzung oder Aufhebung der Vollziehung nicht vorliegen oder aber die Finanzämter aufgrund interner Dienstanweisungen einem Antrag nicht stattgeben sollen. Letzteres kommt vor, wenn sich der Antrag auf bei einem der obersten Gerichte anhängigen Verfahren bezieht und die Finanzverwaltung diesem Verfahren keine Erfolgsaussichten einräumt.

9.13 Aussetzung der Vollziehung bei Grundlagen- und Folgebescheiden

Auch der Vollziehungdie Vollziehung von Grundlagenbescheiden kann ausgesetzt oder aufgehoben werden. Die Voraussetzungen bleiben dieselben, d. h. Anhängigkeit eines Rechtsbehelfs, Vorliegen eines vollziehbarer Verwaltungsakt und eines Aussetzungsgrunds.

Eine Aussetzung der Vollziehung ist daher insbesondere möglich bei

- Bescheiden über die gesonderte Feststellung von Besteuerungsgrundlagen,
- Feststellungsbescheiden nach der V zu § 180 Abs. 2 AO,
- Feststellungsbescheiden nach §§ 27, 28 und 38 KStG,
- Gewerbesteuermessbescheiden,
- Grundsteuermessbescheiden,
- Einheitswertbescheiden,
- Bescheiden über die Feststellung von Grundbesitzwerten,
- Feststellungsbescheiden nach § 17 Abs. 2 und 3 GrEStG,
- Verlustfeststellungsbescheiden, soweit die Feststellung eines höheren Verlustes begehrt wird,
- Feststellungsbescheiden, die Anteile einzelner Gesellschafter auf 0 EUR feststellen und angefochten werden, weil diese Gesellschafter den Ansatz von Verlustanteilen begehren,
- Feststellungsbescheiden, die eine Mitunternehmerschaft einzelner Beteiligter verneinen,
- negativen Gewinn-/Verlustfeststellungsbescheiden, d. h. Bescheiden, die den Erlass eines Gewinn(Verlust-)feststellungsbescheids ablehnen,
- Bescheiden nach § 15a Abs. 4 EStG über die Feststellung eines verrechenbaren Verlustes.

Ist der Grundlagenbescheid auszusetzen, führt dies, soweit die Bindungswirkung des Grundlagenbescheides reicht, auch zur Aussetzung des Folgebescheides. Ein Ermessensspielraum gibt es hier nicht, denn die AO spricht von „ist auszusetzen".

Allerdings muss auch hier darauf geachtet werden, dass die Aussetzung des Grundlagenbescheides grundsätzlich nicht beim Finanzamt vom Folgebescheid erreicht werden kann. Lediglich für den Fall, dass der Antrag auf Aussetzung der Vollziehung des Folgebescheides mit ernstlichen Zweifeln an der wirksamen Bekanntgabe des Grundlagenbescheides begründet wird, lässt die AEAO in der Tz. 6 zu § 361 den Antrag beim Folgebescheid zu. Unabhängig davon, hindert die Anfechtung und Aussetzung der Vollziehung des Grundlagenbescheids nicht den Erlass des Folgebescheids.

9.13.1 Beginn

Bei der Aussetzung der Vollziehung von Grundlagenbescheiden ist die Aussetzung der Vollziehung ab dem Tag der Bekanntgabe des Grundlagenbescheids zu gewähren, wenn der Rechtsbehelf oder der Antrag auf Aussetzung/Aufhebung der Vollziehung vor Ablauf der Einspruchsfrist begründet wurde. Bei später eingehender Begründung gilt das zu Abschn. 9.9.1 gesagte entsprechend.

Die Aussetzung der Vollziehung des Folgebescheids richtet sich nach dem Zeitpunkt der als Beginn für die Aussetzung der Vollziehung des Grundlagenbescheids angeordnet wurde.

9.13.2 Ende

Die Aussetzung/Aufhebung der Vollziehung eines Folgebescheids ist bis zur Beendigung der Aussetzung der Vollziehung des Grundlagenbescheids zu befristen. Für den Fall, dass der Rechtsbehelf gegen den Grundlagenbescheid zu einer Änderung des Folgebescheids führt, endet die Aussetzung der Vollziehung erst nach Ablauf eines Monats nach Bekanntgabe des geänderten Folgebescheids.

9.13.3 Sicherheitsleistungen

Zu Sicherheitsleistung bei der Aussetzung der Vollziehung von Grundlagenbescheiden entscheiden die für den Erlass der Folgebescheide zuständigen Finanzämter bzw. Gemeinden. Das für den Erlass des Grundlagenbescheids zuständige Finanzamt darf jedoch anordnen, dass die Aussetzung der Vollziehung von keiner Sicherheitsleistung abhängig zu machen ist. Das kann z. B. der Fall sein, wenn der Rechtsbehelf wahrscheinlich erfolgreich sein wird.

9.14   Aussetzung der Vollziehung und vorläufige Steuerfestsetzungen

In Fällen des sog. Vorläufigkeitskatalogs des jeweilig aktuellen BMF Schreibens (z. B. im Zeitpunkt des Redaktionsschlusses BMF, Schreiben vom 10. Januar 2019, IV A 3 – S 0338/7/1007) wird Aussetzung der Vollziehung nur gewährt, wenn die Finanzämter durch das BMF oder entsprechende Ländererlasse dazu angewiesen werden.

9.15   Aussetzung der Vollziehung und Stundung

Sinn und Zweck des Antrags auf Aussetzung bzw. Aufhebung der Vollziehung ist es, die im Steuerverwaltungsakt festgesetzte Leistungspflicht aufzuschieben. Diese Leistungspflicht kann auf eine Geldleistung gerichtet sein, muss aber nicht.

Handelt es sich um eine Zahlungsverpflichtung, ist ein Antrag auf Aussetzung bzw. Aufhebung nicht das einzige Mittel, um dieser Zahllast vorläufig zu umgehen. Dies kann auch durch einen Stundungsantrag erreicht werden. Denn auch hier wird die Zahlungsverpflichtung über die ursprüngliche Fälligkeit hinausgeschoben.

Liegen die Voraussetzungen sowohl für eine Stundung als auch eine Aussetzung oder Aufhebung der Vollziehung vor, hat die Finanzverwaltung vorrangig Aussetzung der Vollziehung zu gewähren.[5] Die wesentlichen Unterschiede beider Verfahren können Sie der Tab. 9.1 entnehmen.

▶   **Merke** Bei Zahlungsverpflichtungen kommt sowohl ein Antrag auf Aussetzung der Vollziehung als auch eine Stundung in Betracht; im Zweifel wird das Finanzamt aussetzen.

Außerhalb von Zahlungsverpflichtungen ist eine Stundung jedoch nicht möglich. Dann bleibt einzig der Antrag auf Aussetzung oder Aufhebung der Vollziehung. Dessen Anwendungsbereich erfasst neben Steuerbescheide alle Arten von vollziehbaren Verwaltungsakten.

---

[5]Tz. 1.4 der AEAO zu § 361.

Tab. 9.1 Die Unterschiede zwischen einer Stundung und einem AdV-Antrag

	Stundung	Aussetzung der Vollziehung
Anwendungsbereich	Geldleistung	Vollziehbare Verwaltungsakte
Voraussetzungen	• Zahlung bei Fälligkeit führt zu einer erhebliche Härte • Keine Gefährdung des Steueranspruchs	• Vorliegen eines Einspruchs • Vollziehbarer Verwaltungsakt • Ernstliche Zweifel an der Rechtmäßigkeit • Unbillige Härte • Antragstellung
Entscheidung des FA	Ermessensentscheidung	
Rechtsfolgen	Hinausschieben der Fälligkeit	Vollziehung wird ausgesetzt und Vollziehungsmaßnahmen rückgängig gemacht
Zuständigkeit	• FA, das den Bescheid erlassen • Ab bestimmten Stundungsgrenzen ist die Zustimmung der OFD erforderlich	FA, das den Bescheid erlassen
Wirkung	Keine Säumniszuschläge	
Nebenbestimmungen	Verwaltungsakt, der unter dem Vorbehalt des Widerrufs steht	Verwaltungsakt, der grds. unter dem Vorbehalt der Nachprüfung steht und von Sicherheitsleistungen abhängig gemacht werden kann
Verzinsung	Jeden vollen Monat 0,5 %	
Ablehnung	Einspruch	
Korrektur	§§ 129–131 AO	

9.16 Zusammenfassung

Die Unterschiede zwischen einem Antrag auf Aussetzung bzw. Aufhebung lassen sich am Besten der vorangegangenen Abb. 9.1 entnehmen.

Ein Antrag auf Aussetzung der Vollziehung bzw. die Aufhebung der Vollziehung kommt nur in Betracht,

- bei Anhängigkeit eines Rechtsbehelfs,
- bei Vorliegen eines vollziehbaren Verwaltungsakts, und
- wenn ein Aussetzungsgrund (ernstliche Zweifel oder unbillige Härte) vorliegt.

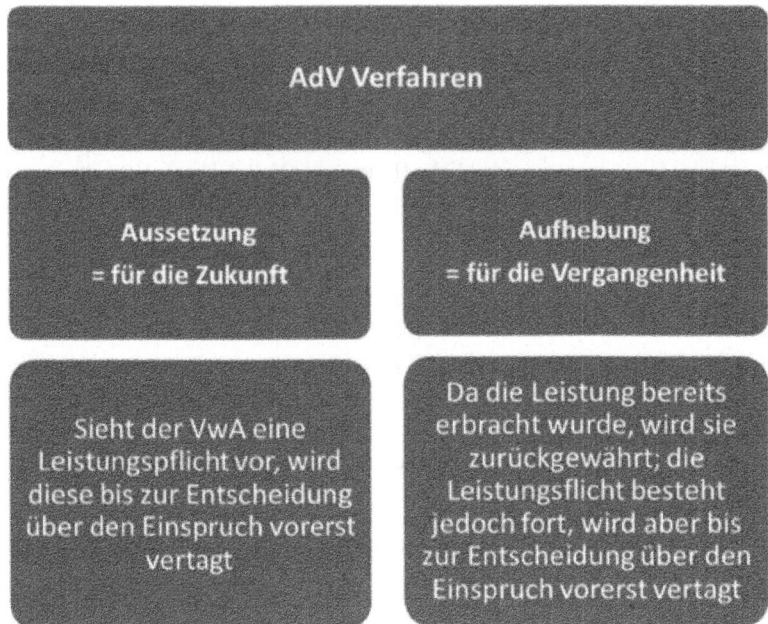

Abb. 9.1 Die beiden AdV-Verfahren im Überblick

Während die Aussetzung der Vollziehung für die Zukunft wirkt, wirkt die Aufhebung der Vollziehung für die Vergangenheit.

Die ausgesetzte Steuer wird mit 0,5 % für volle Zinsmonate verzinst. Ein Zinsbescheid ergeht aber erst, wenn die festzusetzenden Zinsen mindestens 10 EUR betragen.

Die Entscheidung über den Einspruch hängt zum einen von den Anträgen des Einspruchsführers ab und zum anderen vom Ergebnis der Gesamtaufrollung.

Das Finanzamt kann

- einen Abhilfebescheid erlassen,
- eine Einspruchsentscheidung erlassen,
- die Verböserung androhen,
- das Einspruchsverfahren ruhen lassen,
- die Aussetzung der Vollziehung anordnen, oder
- zur Einspruchsrücknahme auffordern.

10.1 Abhilfebescheid

Abhilfebescheide kommen dann zur Anwendung, wenn zwischen dem Finanzamt und dem Einspruchsführer Einigkeit über die Streitpunkte besteht und kein Fall der Verböserung gegeben ist. Es wird dabei zwischen Voll- und Abhilfebescheide unterschieden.

10.1.1 Vollabhilfebescheid

Besteht zwischen den Verfahrensbeteiligten in vollem Umfang Einigung über die strittigen Punkte, wird ein Abhilfebescheid erlassen. In diesem Fall spricht man auch von einem sog. Vollabhilfebescheid. Das Einspruchsverfahren ist in diesem Fall abgeschlossen und im Änderungsbescheid unter den Erläuterungen in der Regel nachfolgender Hinweis zu finden:

„Damit erledigt sich Ihr Einspruch vom …"

© Springer Fachmedien Wiesbaden GmbH, ein Teil von Springer Nature 2019
S. Meier und U. Rakowski, *Der Einspruch im Steuerrecht*,
https://doi.org/10.1007/978-3-658-27022-3_10

10.1.2 Teilabhilfebescheid

Wenn das Finanzamt nicht allen Punkten abhelfen kann, hat das Finanzamt zwei Möglichkeiten.

Erstens: es erlässt einen Abhilfebescheid, der den Punkten abhilft, bei denen Einigkeit besteht und setzt das Einspruchsverfahren mit den übrigen Punkten fort. Es liegt dann ein sog. Teilabhilfebescheid vor. In den Erläuterungen findet sich dann in der Regel nachfolgender Hinweis:

> „Insoweit erledigt sich Ihr Einspruch vom … Im Übrigen wird das Einspruchsverfahren fortgesetzt."

▶ **Hinweis** Der Teilabhilfebescheid wird auch hier automatisch zum Gegenstand des Einspruchsverfahrens.

Zweite Möglichkeit ist, dass es den Teilabhilfebescheid zusammen mit der Einspruchsentscheidung erlässt. Dann ist der Änderungsbescheid zumeist als Anlage der Einspruchsentscheidung beigefügt und in der Einspruchsentscheidung in der Regel folgender Wortlaut zu finden:

> „Unter Änderung des Bescheids vom … wird die Steuer auf … herabgesetzt. Im Übrigen ist der Einspruch unbegründet."

10.2   Rücknahme des Einspruchs

Stellt das Finanzamt im Rahmen der Gesamtaufrollung fest, dass die Einwendungen des Einspruchsführers unbegründet sind oder es zu einer Verböserung kommen kann, wird es ihn zur Rücknahme des Einspruchs auffordern. Kommt der Einspruchsführer dieser Aufforderung nach, endet das Rechtsbehelfsverfahren.

Innerhalb der laufenden Einspruchsfrist kann aber erneut Einspruch eingelegt werden und zwar grundsätzlich auch mit denselben Einwendungen.

Näheres zur Einspruchsrückname, insbesondere zu den formellen Anforderungen an eine Einspruchsrücknahme siehe unter Abschn. 5.8.

10.3   Einspruchsentscheidung

Kann im Rahmen des Einspruchsverfahrens keine Einigkeit erzielt werden, wird eine Einspruchsentscheidung ergehen. Es wird dabei zwischen drei Arten unterschieden, nämlich:

- Teil-Einspruchsentscheidung,
- (Voll-)Einspruchsentscheidung und
- Allgemeinverfügungen.

10.3.1 Teil-Einspruchsentscheidung

In der Vergangenheit sah sich das Finanzamt mit dem Problem konfrontiert, dass viele Steuerbürger unter Bezugnahme auf ein beim BFH anhängigen Verfahren Einspruch einlegten, und damit die Einspruchsverfahren per Gesetz ruhen mussten. Damit konnten die Betroffenen solange die Verfahrensruhe bestand, in Ruhe den Bescheid prüfen und mitunter Jahre später noch Belege nachreichen, weil der Einspruch den gesamten Verwaltungsakt nicht bestandskräftig werden ließ.

Seit einigen Jahren ist damit aber Schluss. Denn das Finanzamt kann einen Einspruch auch in bestimmten Punkten vorab durch eine Einspruchsentscheidung abhelfen. Weil in diesen Fällen die Einspruchsentscheidung nicht alle Punkte des Einspruchsführers betrifft, nennt man sie auch Teil-Einspruchsentscheidung.

Der Erlass einer solchen Teil-Einspruchsentscheidung steht zwar im Ermessen der Finanzbehörde, muss aber immer sachdienlich sein. Dies ist insbesondere dann der Fall, wenn ein Teil des Einspruchs entscheidungsreif ist, während über einen anderen Teil des Einspruchs zunächst nicht entschieden werden kann. Dies kann daran liegen, weil insoweit die Voraussetzungen für eine Verfahrensruhe vorliegen oder weil hinsichtlich des nicht entscheidungsreifen Teils des Einspruchs noch Ermittlungen zur Sach- oder Rechtslage erforderlich sind.

Beispiel

In seinem Einspruch bezieht sich Bernd Bäcker u. a. auf ein beim BFH anhängiges Verfahren zur Frage, ob die Höhe der Nachzahlungszinsen verfassungsgemäß ist.

Da der Einspruch nur die Verfassungsmäßigkeit der Nachzahlungszinsen betrifft, alle anderen Punkte des Bescheids nicht betroffen sind, wäre eine Teil-Einspruchsentscheidung sachdienlich.

▶ **Hinweis** Der BFH bestätigt die Vorgehensweise vieler Finanzämter, die im Einspruchsverfahren über die unstreitigen Punkte durch eine Teileinspruchsentscheidung entscheiden und insoweit den Bescheid in Bestandskraft erwachsen lassen.[1]

---

[1]BFH, Urteil v. 14.03.2012, X R 50/09, für allgemein anwendbar erklärt durch BMF-Schreiben vom 23.07.2013.

Das Finanzamt kann daher in den Fällen, in denen mit dem Einspruch ausschließlich das Ziel verfolgt wird, im Hinblick auf anhängige Gerichtsverfahren mit Breitenwirkung den angefochtenen Verwaltungsakt nicht bestandskräftig werden zu lassen, möglichst zeitnah von der Möglichkeit der Teil-Einspruchsentscheidung Gebrauch machen, wenn dem Einspruch nicht dadurch abgeholfen werden kann, dass ihm ein Vorläufigkeitsvermerk beigefügt wird.

Kommt das Finanzamt im Rahmen seiner Ermessensentscheidung zu dem Ergebnis, dass es eine Teil-Einspruchsentscheidung erlassen wird, hat es darin genau zu bestimmen, hinsichtlich welcher Teile des Verwaltungsakts die Bestandskraft nicht eintreten soll, um die Reichweite der Teil-Einspruchsentscheidung zu definieren. Dies kann z. B. durch Benennung der anhängigen Verfahren vor dem BFH, BVerfG oder EuGH mit Aktenzeichen und der dazugehörigen Streitfrage geschehen.

Diese Bestimmung ist Teil des Tenors der Teil-Einspruchsentscheidung und weder Nebenbestimmung noch Grundlagenbescheid. Sie kann daher nur durch Klage gegen die Teil-Einspruchsentscheidung angegriffen werden.

Ergeht vor Erlass der Teil-Einspruchsentscheidung ein Änderungsbescheid, wird dieser neue Bescheid Gegenstand des Einspruchsverfahrens und somit auch Gegenstand der Teil-Einspruchsentscheidung.

Bei der Bestimmung, inwieweit Bestandskraft nicht eintreten soll, ist vom Inhalt des neuen Bescheids auszugehen. Soll nach Ergehen der Teil-Einspruchsentscheidung ein Änderungsbescheid erlassen werden, ist zuvor zu prüfen, inwieweit dem Änderungsbescheid die Bindungswirkung der Teil-Einspruchsentscheidung entgegensteht.

Die Teil-Einspruchsentscheidung hat nicht zur Folge, dass stets noch eine förmliche „End-Einspruchsentscheidung" ergehen muss. Das Einspruchsverfahren kann beispielsweise auch dadurch abgeschlossen werden, dass die Finanzbehörde dem Einspruch hinsichtlich der zunächst „offen" gebliebenen Frage abhilft, der Einspruchsführer seinen Einspruch zurücknimmt oder eine Allgemeinverfügung ergeht.

▶   **Hinweis** Wird die wirksam ergangene Teil-Einspruchsentscheidung bestandskräftig, können Sie im Einspruchsverfahren über den „noch offenen" Teil der angefochtenen Steuerfestsetzung nicht mit Erfolg geltend machen, die in der Teil-Einspruchsentscheidung vertretene Rechtsauffassung entspreche nicht dem Gesetz. Dies ist auch in einem eventuellen Klageverfahren gegen eine „End-Einspruchsentscheidung" zu beachten.

10.3.2 (Voll-)Einspruchsentscheidung

Im Unterschied zur Teil-Einspruchsentscheidung, entscheidet das Finanzamt bei der (Voll-) Einspruchsentscheidung über alle Punkte des Einspruchsverfahrens.

In Bezug auf Form und Inhalt der Einspruchsentscheidung ist zu beachten:

Für die Bekanntgabe der Einspruchsentscheidung gilt § 122. D. h. die Einspruchsentscheidung gilt, wenn sie mit einfachem Brief zur Post gegeben wird, als am dritten Tag
nach der Aufgabe als bekannt gegeben.

Die Einspruchsentscheidung hat in Schriftform zu ergehen und ist zu begründen.
In den Gründen soll der Tatbestand wiedergegeben und getrennt davon die rechtlichen
Erwägungen der entscheidenden Behörde dargelegt werden. Auf Zulässigkeitsfragen ist
nur einzugehen, wenn hierzu begründeter Anlass besteht, etwa bei der besonderen Einspruchsbefugnis des Rechtsnachfolgers oder bei ernsthaften Zweifeln am Vorliegen
einzelner Zulässigkeitsvoraussetzungen.

Zudem ist die Einspruchsentscheidung mit einer Rechtsbehelfsbelehrung zu versehen.
Fehlt diese oder ist sie unrichtig, verlängert sich die Klagefrist von einem Monat auf ein
Jahr.

Hinweis: Die eben genannten formalen Anforderungen an eine (Voll-)Einspruchsent-
scheidung gelten auch für eine Teil-Einspruchsentscheidung.

10.3.3 Allgemeinverfügungen

Allgemeinverfügungen kommen immer dann zum Tragen, wenn Einsprüche anhängig
sind, die eine vom Gerichtshof der Europäischen Gemeinschaften, vom BVerfG oder
vom BFH entschiedene Rechtsfrage betreffen und denen nach dem Ausgang des Verfahrens vor diesen Gerichten nicht abgeholfen werden kann. Dann besteht die Möglichkeit, diese Einsprüche durch Allgemeinverfügungen zurückzuweisen.

Sachlich zuständig für den Erlass der Allgemeinverfügung ist die oberste Finanzbehörde, d. h. das BMF.

Ähnlich wie eine Einspruchsentscheidung, muss auch die Allgemeinverfügungen
schriftlich unter Angaben der Gründe ergehen und mit einer Rechtsbehelfsbelehrung
versehen sein. Da es unmöglich ist, die Allgemeinverfügung jedem einzelnen Einspruchsführer einzeln bekannt zu geben, wird sie im Bundessteuerblatt I und auf der
Internetseite des Bundesministeriums der Finanzen veröffentlicht und gilt am Tag nach
der Herausgabe des Bundessteuerblattes I, in dem sie veröffentlicht wird, als bekannt
gegeben.

Wer sich gegen die Allgemeinverfügung zur Wehr setzen will, muss Klage erheben.
Die Klagefrist endet mit Ablauf eines Jahres nach dem Tag der Bekanntgabe.

Da durch den Einspruch der gesamte Verwaltungsakt angefochten wurde, bleibt das
Einspruchsverfahren trotz der Allgemeinverfügung im Übrigen anhängig. Denn Gegenstand des Einspruchsverfahrens ist der angefochtene Verwaltungsakt und nicht ein Teil der
Besteuerungsgrundlagen oder ein einzelner Streitpunkt. Dies gilt selbst dann, wenn sich
die Allgemeinverfügung auf sämtliche vom Einspruchsführer vorgebrachte Einwendungen
erstreckt. Dann ist dennoch das Einspruchsverfahren im Übrigen fortzuführen.

Eine Ausnahme gibt es jedoch: Ist bereits eine Teil-Einspruchsentscheidung ergangen, die den „noch offen bleibenden" Teil des Einspruchs auf den Umfang beschränkt hat, der Gegenstand der Allgemeinverfügung ist, ist das Einspruchsverfahren mit der Bekanntgabe der Allgemeinverfügung abgeschlossen. Dies stellt aber einen seltenen Praxisfall dar.

Von der Allgemeinverfügung nicht betroffen sind unzulässige Einsprüche. Sie müssen vom Finanzamt möglichst zeitnah durch Einspruchsentscheidung verworfen werden, wenn sie vom Einspruchsführer nicht zurückgenommen werden.

▶   **Merke** Durch die Masse an Musterprozessen nehmen auch die Allgemein-
    verfügungen zu, die zur Zurückweisung dieser Einsprüche verwendet wer-
    den. Daher hat das BMF eine eigene Rubrik unter den Steuerthemen, unter
    denen die Allgemeinverfügungen zu finden sind. Dort findet sich beispiels-
    weise das BMF-Schreiben vom 18.01.2019 zur Zurückweisung der wegen
    der Verfassungsmäßigkeit der Einheitsbewertung des Grundvermögens
    eingelegten Einsprüche oder aber vom 18.06.2018 wegen der Zweifel an
    der Verfassungsmäßigkeit der beschränkten Abziehbarkeit von sonstigen
    Vorsorgeaufwendungen.

10.4   Entscheidungsmöglichkeiten des Finanzamts im Überblick

Die Entscheidungsmöglichkeiten des Finanzamtes im Rahmen eines Einspruchsverfahrens lassen sich wie folgt zusammenfassen:

*   Im Rahmen der Zulässigkeitsprüfung kann das Finanzamt den Einspruch
    –   als unzulässig verwerfen oder
    –   als zulässig beurteilen.

Nur bei einem zulässigen Einspruch kann es zu einer Entscheidung im Rahmen der Prüfung der Begründetheit kommen.

*   Im Rahmen der Prüfung der Begründetheit stehen dem Finanzamt folgende Mittel zur
    Verfügung:
    Ist der Einspruch in vollem Umfang begründet:
    –   Erlass eines Vollabhilfebescheids
    –   Anordnung der Verfahrensruhe oder Aussetzung des Verfahrens
    –   Anordnung der Aussetzung der Vollziehung
    Ist der Einspruch nur teilweise begründet:

- Erlass eines Teilabhilfebescheides und Fortsetzung des Einspruchsverfahrens mit den übrigen Punkten
- Erlass einer Einspruchsentscheidung mit Teiländerungen
- Erlass einer Teil-Einspruchsentscheidung und Fortsetzung des Einspruchsverfahrens mit den übrigen Punkten

Ist der Einspruch unbegründet:
- Erlass einer Einspruchsentscheidung
- Rücknahme durch Einspruchsführer nach Aufforderung

Führt der Einspruch zu einer Verböserung:
- Gewährung rechtlichen Gehörs mit Hinweispflicht und Aufforderung zur Einspruchsrückxnahme

Zusammenfassend gilt also folgendes (Abb. 10.1).

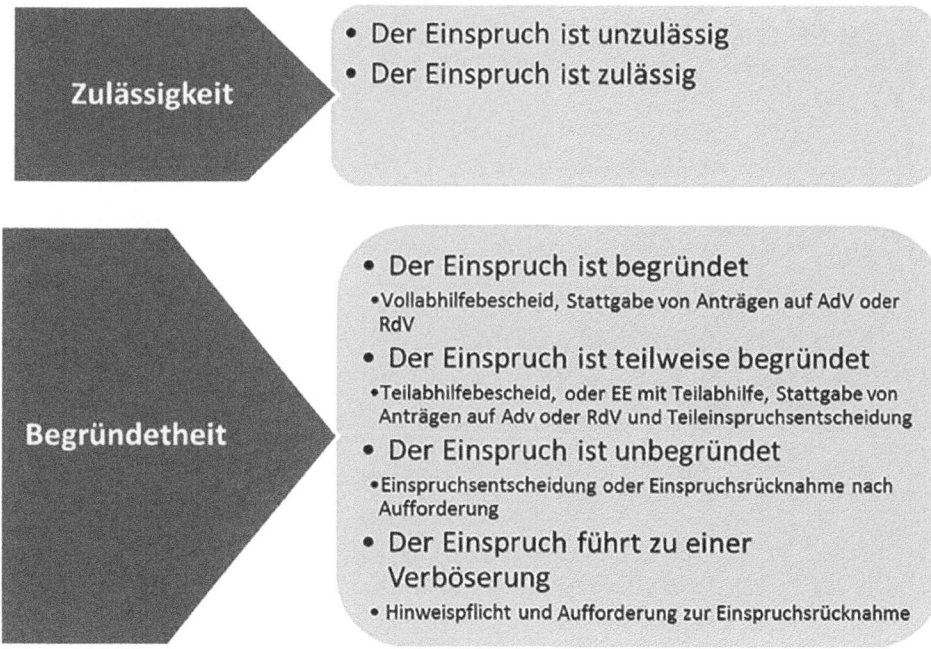

Abb. 10.1 Die Entscheidungsmöglichkeiten des Finanzamtes im Überblick

Antrag auf schlichte Änderung 11

Die Alternative zum Einspruch ist der Antrag auf schlichte Änderung nach § 172 Abs. 1 Satz 1 Nr. 2 Buchstabe a AO. Er unterscheidet sich im Wesentlichen vom Einspruch dadurch, dass er bei dem angefochtenen Verwaltungsakt nicht zu einer Gesamtaufrollung führt, sondern nur zu einer punktuellen Überprüfung durch das Finanzamt. Das kann Vor- und Nachteil zugleich sein.

11.1 Anwendungsbereich

Sowohl der Einspruch als auch der Antrag auf schlichte Änderung richten sich gegen Verwaltungsakte i. S. d. § 118 AO. Hierin liegt ihre Gemeinsamkeit. Die Unterschiede machen sich aber bereits im Anwendungsbereich bemerkbar.

So ist der Anwendungsbereich des Antrags auf schlichte Änderung gegenüber dem des Einspruchs enger gefasst. Denn er kommt nur dann in Betracht, wenn es sich um.

- einen Steuerbescheid, diesem gleichgestellte Bescheid, handelt,
- der nicht vorläufig ist oder unter dem Vorbehalt der Nachprüfung steht und
- der Bescheid andere Steuern als Zölle und Verbrauchsteuern betrifft
- Zunächst muss es sich also um einen Steuerbescheid oder einem diesen gleichgestellten Bescheid handeln. Was sich hinter dem Begriff „gleichgestellt" verbirgt, lässt sich nicht so ohne Weiteres aus dem Gesetz entnehmen. Gemeint sind aber nach der Tz. 2 vor § 172 – 177 zur AEAO Festsetzungen, für die die Vorschriften über das Steuerfestsetzungsverfahren anzuwenden sind. Das Gesetz verwendet in diesen Fällen die Formulierung „….. sind die für die Steuern geltenden Vorschriften entsprechend anzuwenden" oder „gelten

die Vorschriften über die Durchführung der Besteuerung sinngemäß". Daher fallen beispielsweise Zinsbescheide, Steuermessbescheide, Feststellungsbescheide, Freistellungsund Ablehnungsbescheide unter den Begriff des gleichgestellten Bescheids.

Für Haftungs-, Duldungs- und Aufteilungsbescheide ist hingegen nur der Einspruch möglich, da es sich hierbei um sog. sonstige Verwaltungsakte handelt.

▶   **Wichtig** Während der Einspruch das Universalinstrument gegen Verwaltungsakte ist, kommt der Antrag auf schlichte Änderung nur bei Steuerbescheiden
     zum Zuge.

Aber auch nach Erlass eines erstmaligen Steuerbescheides kommt ein Antrag auf schlichte Änderung in Betracht, nämlich gegen:

- einen durch Einspruchsentscheidung bestätigten oder geänderten Verwaltungsakt,
- einen im Einspruchsverfahren ergehenden Abhilfebescheid, oder
- gegen andere Änderungsbescheide.

Gegen einen durch Einspruchsentscheidung bestätigten oder geänderten Bescheid ist aber die Möglichkeit der schlichten Änderung nur gegeben, wenn der Änderungsantrag vor Ablauf der Klagefrist gestellt worden ist. Nach Ablauf dieser Frist ist er unzulässig.
   Die Wirkungen der Ausschlussfrist i. S. d. § 364b AO dürfen allerdings durch eine schlichte Änderung nicht unterlaufen werden[1], d. h. wenn der Einspruchsführer es versäumt hat, die Nachweise innerhalb der Fristsetzung des § 364b AO im Einspruchsverfahren vorzulegen, kann er dies nicht mehr im Antrag auf schlichte Änderung nachholen.

▶   **Merke** Auch Abhilfe- und Änderungsbescheide fallen in den Anwendungsbereich des Antrags auf schlichte Änderung.

11.2 Voraussetzungen

Die Voraussetzungen, wann ein Antrag auf schlichte Änderungen in Betracht kommt, unterscheiden sich danach, ob die Änderung zugunsten oder zuungunsten des Steuerpflichtigen in Betracht kommt. Maßgebend dafür ist die Auswirkung des Änderungsbegehrens auf die festgesetzte Steuer.

---

[1]§ 172 Abs. 1 Satz 3 Halbsatz 2 AO.

11.2.1 Änderung zugunsten

Damit das Finanzamt eine schlichte Änderung eines Steuerbescheids zugunsten des Steuerpflichtigen durchführt, muss dieser vor Ablauf der Einspruchsfrist die Änderung beantragt oder ihr zugestimmt haben. D.h. auch hier muss die Einspruchsfrist berechnet werden.

Im Unterschied zum Einspruch bedarf der Antrag auf schlichte Änderung jedoch keiner Form und kann daher auch telefonisch gestellt werden.

Beispiel

Fritz Fröhlich erhält einen Steuerbescheid und stellt dabei fest, dass Betriebsausgaben i. H. v. 400 EUR zu Unrecht nicht anerkannt wurden. Er ruft noch am selben Tag im Finanzamt an und klärt die Sachlage auf. Der Finanzbeamte sagt die Änderung zu.

Die Zustimmung ist wie der Antrag auch, nicht an eine bestimmte Form gebunden. Allerdings muss sich das Einverständnis des Betroffenen daraus entnehmen lassen. Ist der Verwaltungsakt an mehrere adressiert, ist die Zustimmung aller erforderlich. Das kommt bei den Feststellungsbeteiligten oft zum Tragen.

Wie bereits erläutert, schadet die unrichtige Bezeichnung dem Einspruch nicht. Gleiches gilt für den Antrag auf schlichte Änderung. Wenn jedoch das Schreiben nicht als Einspruch bezeichnet ist, aber eine Änderung zugunsten des Steuerpflichtigen beinhaltet, muss das Finanzamt entscheiden, ob es den Antrag als Einspruch oder aber als Antrag auf schlichte Änderung auslegt. Das Finanzamt muss bei dieser Unterscheidung wie folgt vorgehen:

Ist das Schreiben nicht ausdrücklich als Einspruch bezeichnet, wird es dieses als Antrag auf schlichte Änderung auslegen, wenn

- vor Ablauf der Einspruchsfrist schriftlich oder elektronisch Änderungen beantragt werden,
- im Schreiben eine genau bestimmte Änderung des Steuerbescheids beantragt wird,
- und das Finanzamt dem Begehren entsprechen will.

Andernfalls ist ein Einspruch anzunehmen, da der Einspruch die Rechte des Antragstellers umfassender und wirkungsvoller wahrt als der bloße Änderungsantrag.

▶ In Zweifelsfällen muss das Finanzamt einen Einspruch annehmen, da er die Rechte des Steuerpflichtigen stärker schützt als einen Korrekturantrag (= Antrag auf schlichte Änderung).

Wurde zunächst einen Antrag auf schlichte Änderung gestellt und anschließend noch ein Einspruch eingelegt, überlagert der Einspruch den gestellten Antrag auf schlichte Änderung[2]. Gleiches gilt auch für den umgekehrten Fall.

Im Unterschied zum Einspruch darf das Finanzamt den Steuerbescheid im Falle eines schlichten Änderungsantrags nur in dem Umfang zugunsten des Steuerpflichtigen ändern, als vor Ablauf der Einspruchsfrist die bestimmte Änderung bezogen auf einen konkreten Lebenssachverhalt beantragt wurde, so sieht es Tz. 2 der AEAO zu § 172 vor.

▶   Es findet keine Gesamtfallaufrollung statt; eine Verböserung ist daher nicht
       möglich.

Für den Änderungsantrag zugunsten des Steuerpflichtigen genügt es jedoch nicht, dass lediglich die betragsmäßige Auswirkung bzw. den Änderungsrahmen beziffert (z. B. Herabsetzung der Steuer auf „Null") wird oder dass der Antragsteller seinen allgemein auf Änderung des Bescheids lautenden Antrag erst nach Ablauf der Einspruchsfrist hinsichtlich der einzelnen Korrekturpunkte konkretisiert (z. B. durch Nachreichen einer Steuererklärung).

▶   Das ist ein Vorteil für den Einspruch, denn hier zählt die Nennung des
       Umfangs der Änderung nur zu den Sollvorschriften. Fehlen diese, kommt es
       dennoch zu einer Gesamtfallaufrollung.

Auch eine Erweiterung des Änderungsbegehrens ist nach Ablauf der Einspruchsfrist nicht mehr möglich, beim Einspruchsverfahren hingegen schon. Der Antragsteller kann allenfalls nach Ablauf der Einspruchsfrist Argumente oder Nachweise zur Begründung eines rechtzeitig gestellten, hinreichend konkreten Änderungsantrags nachreichen oder ergänzen, soweit hierdurch der durch den ursprünglichen Änderungsantrag (Lebenssachverhalt) festgelegte Änderungsrahmen nicht überschritten wird. Eine Antragserweiterung oder erneute Antragstellung ist nur innerhalb der Einspruchsfrist möglich.

An das (fristgerechte) Vorbringen ist das Finanzamt gebunden. Auch wenn das Finanzamt den Steuerbescheid nicht in vollem Umfang erneut überprüfen und ggf. verbösern kann, kann es aber mit der beantragten Änderung nicht in sachlichen oder rechtlichen Zusammenhang stehende materielle Fehler ggf. über § 177 AO mitberichtigen.

Bei ablehnenden Einspruchsentscheidungen tritt anstelle der Einspruchs- die Klagefrist, innerhalb derer der Antrag auf schlichte Änderung gestellt werden muss.

---

[2]Vgl. Tz. 2 der AEAO zu § 172.

11.2.2 Änderung zuungunsten

Soll die festgesetzte Steuer zu Ungunsten geändert werden, kann dies entweder vom Finanzamt aus oder vom Steuerpflichtigen begehrt werden.

Bei einem Vorstoß vonseiten der Finanzverwaltung muss der Steuerpflichtige jedoch zuvor der Aufhebung oder Änderung zustimmen. Wenn der Steuerpflichtige die Initiative ergreift, bedarf es für die Änderung eines entsprechenden Antrags.

Die Einspruchsfrist spielt hier keine Rolle, sondern die reguläre Festsetzungsfrist.

In Bezug auf den Antrag bzw. die Zustimmung gilt das zu Abschn. 11.2.1 gesagte entsprechend.

> **Tipp** Erkennen Sie nach Abgabe Ihrer Steuererklärung, dass diese unrichtig ist und berichtigten Sie Ihre Erklärung nach § 153 AO, stellt diese Anzeige noch keine Zustimmung zu einer Änderung der Steuerfestsetzung zu Ihren Ungunsten dar; vielmehr kommt es darauf an, wie das Finanzamt den objektiven Erklärungswert der Erklärung verstehen musste[3].

11.3 Rechtsfolgen

Ist der Antrag auf schlichte Änderung begründet, „darf" das Finanzamt ändern. Das Wort „darf" bedeutet, dass es sich hierbei um eine sog. Ermessensentscheidung des Finanzamtes handelt. Da aber die Steuer zutreffend festgesetzt werden muss, ist dieses Ermessen bei einem konkret bezeichneten Antrags bei einem fehlerhaften Steuerbescheid regelmäßig auf „Null" reduziert (Tab. 11.1).

In Bezug auf die Auswirkungen auf die Vollziehung des Steuerbescheids gehen Einspruch und Antrag auf schlichte Änderung Hand in Hand, d. h. beide hemmen die Vollziehung des Steuerbescheids nicht. Zudem hemmt der Antrag auf schlichte Änderung nicht den Ablauf der Einspruchsfrist. Dies ist dann ärgerlich, wenn der Steuerpflichtige eine Änderung zugunsten rechtzeitig beantragt, aber erst nach Ablauf der Einspruchsfrist noch einen weiteren Fehler zu seinen Gunsten feststellt.

---

[3]Tz. 3 AEAO zu § 172.

Tab. 11.1 Übersicht

Antrag auf schlichte Änderung	
Fehlerhafter Steuerbescheid, dem Steuerbescheid gleichgestellter Verwaltungsakt, Vollabhilfebescheid, Teilabhilfebescheid, durch Einspruchsentscheidung bestätigter Verwaltungsakt oder anderer Änderungsbescheid	
Zustimmung	**Antrag**
Vor Ablauf der Einspruchs-/bzw. Klagefrist	Nach Ablauf der Einspruchs-/Klagefrist
Änderung zugunsten wie zuungunsten möglich	Nur Änderung zuungunsten möglich

11.4 Rechtsbehelfe

Gegen die Ablehnung eines Antrags auf schlichte Änderung oder den entsprechenden Änderungsbescheid ist der Einspruch statthaft. Durch den Einspruch wird aber in diesen Fällen nicht der ganze Steuerbescheid erfasst, sondern nur der Teil, der mit dem Antrag auf schlichte Änderung angefochten wurde. Das bedeutet, dass der ursprüngliche Antrag im Rahmen des Einspruchsverfahrens nicht erweitert werden kann. Die ursprüngliche Antragsbegrenzung bleibt daher bestehen.

Wird der Antrag auf schlichte Änderung durch eine Allgemeinverfügung zurückverwiesen, bleibt nur der Klageweg.

11.5 Nebenbestimmungen

Der Antrag auf schlichte Änderung kann nicht mit einem Antrag auf Aussetzung der Vollziehung verbunden werden. Diese Möglichkeit bleibt dem Einspruch vorbehalten. Es kann allenfalls Stundung oder Vollstreckungsaufschub beantragt werden. Auch ein Antrag auf Ruhen des Verfahrens scheidet aus.

11.6 Mitberichtigung nach § 177 AO

Auch wenn im Rahmen eines Antrags auf schlichte Änderung nur eine punktuelle Überprüfung des Steuerbescheids oder diesem gleichgestellten Bescheid stattfindet, hat das Finanzamt bei der Überprüfung des Antrags die Vorschrift des § 177 AO zu beachten. Die Vorschrift erfasst Fehler in einem Bescheid, für deren Berichtigung keine eigenständige Korrekturnorm gegeben ist. Liegt für diesen fehlerhaften Bescheid jedoch eine Änderungsvorschrift vor, dann können Fehler i. S. d. § 177 AO mitberichtigt werden, sofern es die Korrekturvorschrift zulässt. Diese Mitberichtigung kann vor allem bei Änderungsanträgen zugunsten zum Tragen kommen, wie nachfolgendes Beispiel zeigt:

Beispiel

Das Finanzamt erlässt einen Einkommensteuerbescheid, in dem es erklärte Betriebsausgaben i. H. v. 4000 EUR wegen dem Bezug zur privaten Lebensführung nicht anerkennt. Hans Heiter stellt daraufhin innerhalb der Einspruchsfrist einen Antrag auf schlichte Änderung und legt Belege vor, aus denen sich der betriebliche Anlass der Aufwendungen ergibt. Bei der Überprüfung des Antrags stellt das Finanzamt fest, dass Hans Heiter nicht abziehbare Geschenkaufwendungen i. H. v. 2000 EUR dem Gewinn nicht hinzugerechnet hat.

Da der betriebliche Anlass der Aufwendungen nachgewiesen wurde, ist der Bescheid insoweit zu ändern. Da allerdings noch nichtabziehbare Geschenkaufwendungen i. H. v. 2000 EUR vorliegen, kann dem Antrag nur i. H. v. 2000 EUR entsprochen werden.

Abwandlung:

Die nicht abziehbaren Geschenkaufwendungen liegen bei 5000 EUR.

Eigentlich wäre das zu versteuernde Einkommen um 1000 EUR zu erhöhen. Da allerdings bei einem Antrag eine Verböserung nicht möglich ist bzw. diese Änderung zu Ungunsten von der Zustimmung des Steuerpflichtigen abhängig ist, darf das Finanzamt vorliegend nur den Antrag ablehnen.

11.7 Antrag auf schlichte Änderung vs. Einspruch

Um die Vor- und Nachteile eines Antrags auf schlichte Änderung zum Einspruch besser im Überblick zu haben, bietet sich nachfolgende Übersicht an:

	Antrag	Einspruch
Anwendungsbereich	Steuerbescheide und gleichgestellte Verwaltungsakte	Verwaltungsakte
Form	Keine Form, d. h. mündlich, schriftlich oder telefonisch möglich	Schriftform oder zur Niederschrift zu erklären
Inhalt	Konkrete Angaben zum Sachverhalt	Begründung nicht zwingend erforderlich
Frist	• Bei Änderung zugunsten innerhalb der Einspruchsfrist; • Bei Änderungen zuungunsten innerhalb der Festsetzungsfrist	Innerhalb eines Monats nach der Bekanntgabe
Kann verbunden werden mit …	• Stundung • Vollstreckungsaufschub	• Antrag auf Aussetzung der Vollziehung • Ruhen des Verfahrens • Stundung

	Antrag	**Einspruch**
Wirkung	• Punktuelle Überprüfung ohne Möglichkeit der Verböserung • Ermessensentscheidung	• Gesamtaufrollung mit der Möglichkeit der Verböserung • Keine Ermessensentscheidung
Erweiterung	Bei Änderungen zugunsten keine Erweiterung des Antrags nach Ablauf der Einspruchsfrist möglich	Erweiterung im laufenden Einspruchsverfahren möglich
Rechtsbehelf	Einspruch	Klage

Was tun, wenn alles zu spät ist? 12

Wenn man nach der Lektüre der vorangegangenen Kapitel zu dem Ergebnis gekommen ist, dass

- die Einspruchsfrist abgelaufen ist,
- ein Antrag auf Wiedereinsetzung in den vorherigen Stand nicht in Betracht kommt und
- der Verwaltungsakt weder unter dem Vorbehalt der hNachprüfung steht noch vorläufig ergangen ist,

ist das noch nicht das Ende. Denn es gibt auch hier noch ein Hintertürchen.

Fehler in einem Verwaltungsakt können nämlich auch noch außerhalb des Einspruchsverfahrens beseitigt werden. Nämlich dann, wenn eine Korrekturvorschrift dies ermöglicht. Damit wird verhindert, dass nach Ablauf der Einspruchsfrist ein fehlerhafter Bescheid nicht mehr richtiggestellt werden kann.

Bei den Korrekturvorschriften, die die Abgabenordnung bereithält, muss zwischen

- Steuerbescheiden und diesen gleichgestellten Bescheiden und
- sonstigen Verwaltungsakten

unterschieden werden. Denn bis auf eine Korrekturnorm sind die übrigen nur für die eine oder die andere Gruppe anwendbar.

© Springer Fachmedien Wiesbaden GmbH, ein Teil von Springer Nature 2019
S. Meier und U. Rakowski, *Der Einspruch im Steuerrecht*,
https://doi.org/10.1007/978-3-658-27022-3_12

Welche Steuerverwaltungsakte zu welcher Gruppe gehören, kann nachfolgende Übersicht entnommen werden:

Verwaltungsakte	
Steuerbescheide/Gleichgestellte Verwaltungsakte sind z. B.	**Sonstige Verwaltungsakte sind z. B. (aus AEAO vor § 130, 131)**
• Steuerbescheide (z. B. Umsatzsteuerbescheid, Einkommensteuerbescheid) • Vorauszahlungsbescheid (z. B. Einkommensteuervorauszahlungsbescheid) • Steueranmeldungen (z. B. Umsatzsteuervoranmeldungen) • Vergütungsbescheide (z. B. Vorsteuervergütungsbescheid) • Feststellungsbescheide (z. B. gesondert festzustellende Verlustvortrag im Sinne des § 10d EStG)) • Steuermessbescheide (z. B. Gewerbesteuermessbescheid) • Zerlegungsbescheide (z. B. Gewerbesteuerzerlegungsbescheid) • Zinsbescheide (z. B. Festsetzung von Nachzahlungszinsen nach § 233a AO) • Ablehnungsbescheide (z. B. Ablehnung auf Erteilung einer verbindlichen Auskunft) • Aufhebung des Vorbehalts der Nachprüfung	• Stundungsverfügungen • Fristverlängerungen • Billigkeitsmaßnahmen, wie z. B. der Erlass • Prüfungsanordnungen • Haftungsbescheide • Aussetzung der Vollziehung • Pfändungen Auskunftsersuchen • Festsetzungen von Gebühren über erteilte verbindliche Auskünfte

Daraus ergibt sich für die Korrekturvorschriften der Abgabenordnung folgende Einteilung, die sie unten stehender Tab. 12.1 entnehmen können.

Auch wenn die meisten Korrekturvorschriften in der Abgabenordnung zu finden sind, ergeben sich weitere Änderungsmöglichkeiten aus den Einzelsteuergesetzen. So kann z. B. der Gewerbesteuermessbescheid nachträglich noch geändert werden, wenn sich der im Einkommensteuerbescheid festgesetzte Gewinn noch erhöht oder mindert[1].

▶ **Wichtig** Ein Verwaltungsakt der nichtig ist, kann nicht geändert werden! Denn die Korrekturvorschriften kommen nur für rechtswidrige Verwaltungsakte in Betracht. Die Nichtigkeit eines Verwaltungsaktes kann aber auf Antrag vom Finanzamt festgestellt werden.

---

[1]Vgl. § 35b GewStG.

Tab. 12.1 Überblick Korrekturvorschriften der AO

Steuerbescheide/gleichgestellte Verwaltungsakte	Sonstige Verwaltungsakte
Berichtigung nach § 129 AO (z. B. offenkundige Zahlendreher des Finanzamtes)	
§ 164 AO: Vorbehalt der Nachprüfung	§ 130 AO: Rücknahme rechtswidriger
§ 165 AO: Vorläufige Steuerfestsetzung	Verwaltungsakt
§ 172 AO: Antrag auf schlichte Änderung	§ 131 AO: Widerruf eines rechtmäßigen
§ 173 AO: Neue Tatsachen oder Beweismittel	Verwaltungsakts
§ 173a AO: Schreib- oder Rechenfehler des Steuerpflichtigen	
§ 174 AO: Widerstreitende Steuerfestsetzung	
§ 175 AO: Aufhebung/Änderung in sonstigen Fällen	
§ 175a AO: Umsetzung von Verständigungsvereinbarungen	
§ 175b AO: Änderung von Steuerbescheiden bei Datenübermittlung durch Dritte	
§ 176 AO: Vertrauensschutz	
§ 177 AO Berichtigung bei materiellen Fehlern	

Teil III

Anhang

Arbeitshilfen 13

13.1 Checkliste: Prüfung Arbeitnehmer-Steuerbescheid

Erhält der Steuerpflichtige seinen Steuerbescheid, sollte er vor allem folgende Angaben überprüfen:

Prüfung	Stimmt!	Stimmt nicht!

Wurden die allgemeinen Daten korrekt erfasst?
  Name und Anschrift
  Steuernummer
Ist die Bankverbindung korrekt?		

Wurde der Bescheid für die richtigen Steuerarten und den richtigen Veranlagungszeitraum ausgestellt? Wurde die zutreffende Veranlagungsart (Zusammen-veranlagung/Einzelveranlagung) berücksichtigt? Sind Vorauszahlungen berücksichtigt worden?		
Wurden die Werte der Lohnsteuerbescheinigung korrekt übernommen?		
Wurden die Werbungskosten erklärungsgemäß berücksichtigt?		
Wurden die Sonderausgaben korrekt übernommen?		
Ggf: Wurden außergewöhnliche Belastungen geltend gemacht?		

© Springer Fachmedien Wiesbaden GmbH, ein Teil von Springer Nature 2019
S. Meier und U. Rakowski, *Der Einspruch im Steuerrecht*,
https://doi.org/10.1007/978-3-658-27022-3_13

Prüfung	Stimmt!	Stimmt nicht!
Wurden ggf. haushaltsnahe Dienstleistungen von der Steuerschuld abgezogen?		
Wurden Kinderfreibeträge berücksichtigt?		
Sind Bemerkungen im Erläuterungsteil?		

13.2   Checkliste: Prüfung eines Feststellungsbescheids

Erhält der Steuerpflichtige seinen Feststellungsbescheid, sollte er vor allem folgende Angaben überprüfen:

Prüfung	Stimmt!	Stimmt nicht!
Wurden die allgemeinen Daten korrekt erfasst? 　Name und Anschrift 　Steuernummer Ist die Bankverbindung korrekt?		
Wurde der Bescheid für die richtigen Steuerarten/den richtigen Veranlagungszeitraum ausgestellt?		
Wurden die Besteuerungsgrundlagen korrekt erfasst? Bei der gesonderten Feststellung: 　Zurechnung, 　Höhe und 　Art der Einkünfte Bei der einheitlichen und gesonderten Feststellung: 　Einkunftshöhe und -art, 　Beteiligte und Einkunftsverteilung sowie 　weitere Besteuerungsgrundlagen		
Sind Bemerkungen im Erläuterungsteil?		

13.3   Checkliste: Prüfung von Steuerbescheiden für Unternehmer

Bei Steuerbescheiden an Unternehmer gibt es zahlreiche Punkte, die geprüft werden müssen. Wichtig sind dabei z. B. folgende Angaben:

Prüfung	Stimmt!	Stimmt nicht!

Wurden die allgemeinen Daten korrekt erfasst?
  Name und Anschrift
  Steuernummer
Ist die Bankverbindung korrekt?		

Wurde der Bescheid für die richtigen Steuerarten und den richtigen Veranlagungszeitraum ausgestellt? Sind Vorauszahlungen berücksichtigt worden?		

Für Zwecke der Gewerbesteuer kann u. a. zu prüfen sein:
  Besteht überhaupt Gewerbesteuerpflicht?
  Wurden Hinzurechnungen/Kürzungen angesetzt?
  Sind Spenden zu berücksichtigen?
  Weicht der Gewinn/Verlust (Achtung: Verlustfeststellung!) von der Erklärung ab?		

Für Zwecke der Umsatzsteuer:
In der Regel wird für die Umsatzsteuer nur dann ein Bescheid erlassen, wenn von der Steueranmeldung abgewichen wird. Deshalb stellt sich bei Erhalt eines Bescheids die Frage:
  Wurde von der Steueranmeldung abgewichen?
  Wurden steuerpflichtige/steuerfreie Umsätze korrekt zugeordnet?
  Stimmen die Steuersätze (7 %/19 %)?
  Wurden die Vorsteuerbeträge korrekt berücksichtigt?
  Stimmt der Nachzahlungsbetrag/Erstattungsbetrag mit Ihrer Anmeldung überein?		

Bei der Einkommensteuer:
  Wurde der Gewinn/Verlust wie angegeben erfasst?
  Wurde die Gewerbesteuer angerechnet?
  Steht der Bescheid unter dem Vorbehalt der Nachprüfung (ggf. wegen fehlender Unterlagen)?		

Sind Bemerkungen im Erläuterungsteil?		

13.4   Prüfungsschema Zulässigkeit

Checkliste für Einspruch		
Erledigt?	**Statthaftigkeit**	**Notizen**
	Grundsatz: Vorliegen eines Steuerverwaltungsaktes	
	Ausnahme: Untätigkeitseinspruch	
	kein Ausschlussgrund	
Erledigt?	**Form**	**Notizen**
	Mussbestimmungen erfüllt?	
	Schriftform oder zur Niederschrift erklärt	
	Erkennbarkeit des Einspruchsführer	
	Kannbestimmungen erfüllt?	
	Bezeichnung des angefochtenen Verwaltungsaktes	
	Angaben über Umfang der Anfechtung	
	Begründung des Einspruchs	
	Vorlage von Beweismitel	
Erledigt?	**Einspruchsbefugnis**	**Notizen**
	Grundsatz: Bekanntgabeadressat	
	Besonderheiten bei Rechtsnachfolge	
	Besonderheiten bei gesonderten und einheitlichen Gewinnfeststellungen	
	Ausnahme: Dritte	
Erledigt?	**Frist**	**Notizen**
	Grundsatz: 1 Monat nach Bekanntgabe des Steuerbescheids	
	Besonderheiten bei Steueranmeldungen beachten	
	Ausnahme: 1 Jahr nach Bekanntgabe bei fehlender oder unrichtiger Rechtsbehelfsbelehrung	
	Bei Fristversäumnis: Wiedereinsetzung nach § 110 AO prüfen	
Erledigt?	**Anbringungsbehörde**	**Notizen**
	Anbringung bei der den VwA erlassenen Behörde	
	Besonderheit bei der Anbringungsbehörde bei der gesonderten und einheitlichen Feststellung, ggf. Möglichkeit der Wiedereinsetzung	
Erledigt?	**Beschwer**	**Notizen**
	Rechtschutzbedürfnis liegt vor	
	Behauptung einer Rechtsverletzung	
Erledigt?	**Kein Einspruchsverzicht**	**Notizen**
	kein Verbrauch des Einspruchs durch Verzicht nach Erlass des Verwaltungsaktes	
Erledigt?	**Kein Einspruchsrücknahme**	**Notizen**
	kein Verbrauch des bereits eingelegten Einspruchs durch Rücknahme	

13.5   Checkliste Wiedereinsetzung

Checkliste für Wiedereinsetzung

Liegt eine gesetzliche Frist vor?
Falls ja:
Liegt eine Fristversäumnis durch den Antragsteller vor?
Falls ja:
War es dem Antragsteller objektiv unmöglich, die Frist einzuhalten?
Falls ja:
Trifft den Einspruchsführer ein Verschulden an der Fistversäumnis ?
bei längerer Abwesenheit
Fristversäumnis aufgrund hohen Alters und Vergesslichkeit oder Kränklichkeit
Fristversäumnis aufgrund plötzlicher Erkrankung
Fristversäumnis aufgrund Arbeitsüberlastung
Fristversäumnis aufgrund fehlender Begründung des VwA
Fristversäumnis aufgrund irriger Beurteilung der materiellen Rechtslage über die Frist
Fristversäumnis durch steuerlichen Berater
Fristversäumnis aufgrund Fehler in der Büroorganisation
Fristversäumnis aufgrund des Verschuldens einer Hilfsperson
Falls nein:
Liegt ein Antrag auf Wiedereinsetzung vor?
Wurde der Antrag begründet und alle Beweise vorgelegt?
Wurde die unterlassene Handlung nachgeholt?
Falls ja:
Ist seit Wegfall des Hindernisses noch kein Monat vergangen?
Falls ja: Wiedereinsetzungsgrund gegeben
Falls nein:
Ist seit dem Ende der versäumten Frist noch kein Jahr vergangen?
Beruht die Nichteinhaltung der Fristversäumnis auf höherer Gewalt?
Falls ja: Wiedereinsetzungsgrund gegeben

13.6   Einspruch mit Muss- und Kannbestimmungen

Max Mustermann

Musterstr. 1

71357 Musterhausen

Finanzamt XY

Bescheid über ....für ......vom........

Einspruch gem. § 347 AO

Sehr geehrte Damen und Herren,

hiermit lege ich gegen den oben genannten Bescheid form – und fristgerecht Einspruch ein und begründe diesen wie folgt:

(Begründung)

Mit freundlichen Grüßen

Einspruchsführer

Anlagen:

Beweismittel und Fundstellen

13.7   Einspruch ohne Begründung

Max Mustermann

Musterstr. 1

71357 Musterhausen

Finanzamt XY

Bescheid über ....für ......vom........

Einspruch gem . § 347 AO

Sehr geehrte Damen und Herren,

hiermit lege ich gegen den oben genannten Bescheid form – und fristgerecht Einspruch ein. Die
Begründung des Einspruchs wird nachgereicht.

Mit freundlichen Grüßen

Einspruchsführer

13.8   Einspruch ohne Begründung mit Antrag auf Fristverlängerung

Max Mustermann

Musterstr. 1

71357 Musterhausen

Finanzamt XY

Bescheid über ....für ......vom..........

Mein Einspruch gem. § 347 AO vom xx.xx.xxxx

Antrag auf Fristverlängerung gem. § 109 AO

Sehr geehrte Damen und Herren,

für die Begründung des oben genannten Einspruchs bitte ich noch um Fristverlängerung bis zum,

(bitte ergänzen)

da ….. *(bitte begründen)*.

Sollte ich nichts Gegenteiliges von Ihnen hören, gehe ich davon aus, dass meinem Antrag entsprochen wird.

Mit freundlichen Grüßen

Einspruchsführer

13.9   Antrag auf Feststellung der Nichtigkeit

Max Mustermann

Musterstr. 1

71357 Musterhausen

Finanzamt XY

Bescheid über ....für ......vom........

Antrag auf Feststellung der Nichtigkeit gem. § 125 AO

Sehr geehrte Damen und Herren,

hiermit beantrage ich die Feststellung der Nichtigkeit des oben genannten Verwaltungsaktes nach § 125 Abs. 5 AO, da er an einem besonders schwerwiegenden Fehler i. S. d. § 125 Abs. 1 AO leidet *(wenn möglich kurz erläutern) und dieser auch offenkundig ist.*

Mit freundlichen Grüßen

Antragsteller

13.10 Einspruch mit Antrag auf Ruhen des Verfahrens (Zwangsruhe)

Max Mustermann

Musterstr. 1

71357 Musterhausen

Finanzamt XY

Bescheid über ....für ......vom........

Einspruch gem. § 347 AO und Antrag auf Ruhen des Verfahrens gem. § 363 Abs. 2 Satz 2 AO

Sehr geehrte Damen und Herren,

hiermit lege ich gegen den oben genannten Bescheid form – und fristgerecht Einspruch ein und begründe diesen wie folgt:

Dem Bundesfinanzhof (BFH), dem Bundesverfassungsgericht (BVerfG) oder dem Europäischen Gerichtshof (EuGH) *(nichtzutreffendes bitte streichen)* liegt die Frage zur Entscheidung vor, ob.............. *(bitte ergänzen)*. Das Verfahren trägt das Aktenzeichen:....... *(bitte ergänzen)*.

Da der Bescheid in diesem Punkt nicht vorläufig nach § 165 Abs. 1 Nr. 3 und 4 AO ergangen ist, beantrage ich daher, bis zu einer Entscheidung über das oben genannte Verfahren den Einspruch nach § 363 Abs. 2 Satz 2 AO ruhen zu lassen.

Sollte ich nichts Gegenteiliges von Ihnen hören, gehe ich davon aus, dass meinem Antrag entsprochen wird.

Mit freundlichen Grüßen

Einspruchsführer

13.11   Einspruch mit Antrag auf Ruhen des Verfahrens aus Zweckmäßigkeit

Max Mustermann

Musterstr. 1

71357 Musterhausen

Finanzamt XY

Bescheid über ....für ......vom........

Einspruch gem. § 347 AO und Antrag auf Ruhen des Verfahrens nach § 363 Abs. 2 Satz 1 AO

Sehr geehrte Damen und Herren,

hiermit lege ich gegen den oben genannten Bescheid form – und fristgerecht Einspruch ein und begründe diesen wie folgt:

Dem Finanzgericht… (FG), dem Europäischen Gerichtshof für Menschenrechte (EGMR) *(bitte nicht zutreffendes streichen oder einschlägiges Gericht ergänzen)* liegt die Frage zur Entscheidung vor, ob…………..*(bitte erläutern)*. Das Verfahren trägt das Aktenzeichen:……..*(bitte ergänzen)*.

Bis zu einer Entscheidung über das oben genannte Verfahren beantrage ich, den Einspruch aus Zweckmäßigkeit nach § 363 Abs. 2 Satz 1 AO ruhen zu lassen, da die Voraussetzungen für ein solches Ruhen gegeben sind.

So ist zu erwarten, dass wegen der Rechtsfrage weitere Einsprüche eingelegt werden, die später bei den Finanzgerichten anhängig werden und am Ende vom BFH oder dem BVerfG zu entscheiden sein werden. Es wäre daher nicht sachgerecht, wenn ihre Finanzbehörde jeden Steuerpflichtigen in sein eigenes Gerichtsverfahren zwingt, um seinen eigenen (weiteren) „Musterprozess" führen zu müssen.

Sollte ich nichts Gegenteiliges von Ihnen hören, gehe ich davon aus, dass meinem Antrag entsprochen wird.

Mit freundlichen Grüßen

Einspruchsführer

13.12 Einspruch und Antrag auf Aussetzung des Verfahrens

Max Mustermann

Musterstr. 1

71357 Musterhausen

Finanzamt XY

Bescheid über ....für ......vom........

Einspruch gem. § 347 AO und Antrag auf Aussetzung des Verfahrens nach § 363 Abs. 1 AO

Sehr geehrte Damen und Herren,

hiermit lege ich gegen den oben genannten Bescheid form – und fristgerecht Einspruch ein und
begründe diesen wie folgt:

Das Einspruchsverfahren ist von der Entscheidung über das Bestehen oder Nichtbestehen des
Rechtsverhältnisses xy (bitte erläutern) abhängig.

Dieses ist Gegenstand eines anhängigen Rechtsstreites beim .... *(bitte ergänzen)*

Alternativ:

Dieses Rechtsverhältnis ist vom Gericht oder einer Verwaltungsbehörde festzustellen *(bitte die
betreffende Behörde ergänzen)*.

Bis zu einer Entscheidung über das oben genannte Verfahren beantrage ich, den Einspruch nach
§ 363 Abs. 1 AO auszusetzen und zwar in Höhe von ... *(bitte ergänzen)*.

Mit freundlichen Grüßen

Einspruchsführer

13.13   Einspruch mit Antrag auf Aussetzung der Vollziehung

Max Mustermann

Musterstr. 1

71357 Musterhausen

Finanzamt XY

Bescheid über ....für ......vom........

**Einspruch gem. § 347 AO und Antrag auf Aussetzung der Vollziehung gem.
§ 363 Abs. 2 Satz 2 AO**

Sehr geehrte Damen und Herren,

hiermit lege ich gegen den oben genannten Bescheid form – und fristgerecht Einspruch ein und
begründe diesen wie folgt:

(Begründung)

Bis zu einer Entscheidung über den Antrag beantrage ich Aussetzung der Vollziehung nach § 361
Abs. 2 Satz 2 AO und zwar in Höhe von .... *(bitte ergänzen)*.

Mit freundlichen Grüßen

Einspruchsführer

13.14 Untätigkeitseinspruch

Max Mustermann

Musterstr. 1

71357 Musterhausen

Finanzamt XY

Mein Antrag vom …… auf ……..

Untätigkeitseinspruch gem. § 347 Abs. 1 Satz 2 AO

Sehr geehrte Damen und Herren,

ich habe mit Schreiben vom ….. (bitte ergänzen) einen Antrag, auf ………….. (bitte ergänzen)
gestellt. Obwohl ich meinen Mitwirkungspflichten nachgekommen bin, wurde bis heute über
meinen Antrag sachlich nicht entschieden.

Ich lege damit wegen der Nichtentscheidung Untätigkeitseinspruch nach § 347 Abs. 1 Satz 2 AO ein.

Mit freundlichen Grüßen

Einspruchsführer

13.15 Niederschrift

Finanzamt Musterhausen   Datum
                                                              Bearbeiter(in)
                                                              Telefon
                                                              Zimmer
                                                              Steuernummer

Niederschrift

Anwesend:

Max Mustermann, Musterstr. 1, Musterhausen

Oder sein Bevollmächtigter

Folgender Sachverhalt wird aufgenommen:

Gegen den Bescheid über .... für 2018 vom 03.06.2019, bekannt gegeben am 06.06.2019
(Fristberechnung nach Dreitages- Bekanntgabefiktion), lege ich hiermit Einspruch ein.

Dieser richtet sich gegen die Nichtanerkennung von Betriebsausgaben in Bezug auf das betrieblich
genutzte Fahrzeug der Marke Porsche 911.

Aufgenommen: Vorgelesen, genehmigt und unterschrieben

13.16 Antrag auf schlichte Änderung

Max Mustermann

Musterstr. 1

71357 Musterhausen

Finanzamt XY

Bescheid über ....für ......vom........

Antrag auf schlichte Änderung gem. § 172 Abs. 1 Satz 1 Nr. 2 Buchstabea AO

Sehr geehrte Damen und Herren,

hiermit stelle ich den Antrag auf schlichte Änderung des oben genannten Verwaltungsakts in nachfolgenden Punkten:

(bitte erläutern)

Die Nachweise und Belege finden Sie anbei.

Mit freundlichen Grüßen

Antragsteller

13.17   Kalender zur Fristenberechnung

2019

JANUAR								FEBRUAR					
Mo	Di	Mi	Do	Fr	Sa	So	Mo	Di	Mi	Do	Fr	Sa	So
	1	2	3	4	5	6					1	2	3
7	8	9	10	11	12	13	4	5	6	7	8	9	10
14	15	16	17	18	19	20	11	12	13	14	15	16	17
21	22	23	24	25	26	27	18	19	20	21	22	23	24
28	29	30	31				25	26	27	28			

MÄRZ								APRIL					
Mo	Di	Mi	Do	Fr	Sa	So	Mo	Di	Mi	Do	Fr	Sa	So
				1	2	3	1	2	3	4	5	6	7
4	5	6	7	8	9	10	8	9	10	11	12	13	14
11	12	13	14	15	16	17	15	16	17	18	19	20	21
18	19	20	21	22	23	24	22	23	24	25	26	27	28
25	26	27	28	29	30	31	29	30					

MAI								JUNI					
Mo	Di	Mi	Do	Fr	Sa	So	Mo	Di	Mi	Do	Fr	Sa	So
		1	2	3	4	5						1	2
6	7	8	9	10	11	12	3	4	5	6	7	8	9
13	14	15	16	17	18	19	10	11	12	13	14	15	16
20	21	22	23	24	25	26	17	18	19	20	21	22	23
27	28	29	30	31			24	25	26	27	28	29	30

JULI								AUGUST					
Mo	Di	Mi	Do	Fr	Sa	So	Mo	Di	Mi	Do	Fr	Sa	So
1	2	3	4	5	6	7				1	2	3	4
8	9	10	11	12	13	14	5	6	7	8	9	10	11
15	16	17	18	19	20	21	12	13	14	15	16	17	18
22	23	24	25	26	27	28	19	20	21	22	23	24	25
29	30	31					26	27	28	29	30	31	

SEPTEMBER								OKTOBER					
Mo	Di	Mi	Do	Fr	Sa	So	Mo	Di	Mi	Do	Fr	Sa	So
						1		1	2	3	4	5	6
2	3	4	5	6	7	8	7	8	9	10	11	12	13
9	10	11	12	13	14	15	14	15	16	17	18	19	20
16	17	18	19	20	21	22	21	22	23	24	25	26	27
23	24	25	26	27	28	29	28	29	30	31			
30													

NOVEMBER								DEZEMBER					
Mo	Di	Mi	Do	Fr	Sa	So	Mo	Di	Mi	Do	Fr	Sa	So
				1	2	3							1
4	5	6	7	8	9	10	2	3	4	5	6	7	8
11	12	13	14	15	16	17	9	10	11	12	13	14	15
18	19	20	21	22	23	24	16	17	18	19	20	21	22
25	26	27	28	29	30		23	24	25	26	27	28	29
							30	31					

2020

JANUAR

Mo	Di	Mi	Do	Fr	Sa	So
		1	2	3	4	5
6	7	8	9	10	11	12
13	14	15	16	17	18	19
20	21	22	23	24	25	26
27	28	29	30	31		

FEBRUAR

Mo	Di	Mi	Do	Fr	Sa	So
					1	2
3	4	5	6	7	8	9
10	11	12	13	14	15	16
17	18	19	20	21	22	23
24	25	26	27	28	29	

MÄRZ

Mo	Di	Mi	Do	Fr	Sa	So
						1
2	3	4	5	6	7	8
9	10	11	12	13	14	15
16	17	18	19	20	21	22
23	24	25	26	27	28	29
30	31					

APRIL

Mo	Di	Mi	Do	Fr	Sa	So
		1	2	3	4	5
6	7	8	9	10	11	12
13	14	15	16	17	18	19
20	21	22	23	24	25	26
27	28	29	30			

MAI

Mo	Di	Mi	Do	Fr	Sa	So
				1	2	3
4	5	6	7	8	9	10
11	12	13	14	15	16	17
18	19	20	21	22	23	24
25	26	27	28	29	30	31

JUNI

Mo	Di	Mi	Do	Fr	Sa	So
1	2	3	4	5	6	7
8	9	10	11	12	13	14
15	16	17	18	19	20	21
22	23	24	25	26	27	28
29	30					

JULI

Mo	Di	Mi	Do	Fr	Sa	So
		1	2	3	4	5
6	7	8	9	10	11	12
13	14	15	16	17	18	19
20	21	22	23	24	25	26
27	28	29	30	31		

AUGUST

Mo	Di	Mi	Do	Fr	Sa	So
					1	2
3	4	5	6	7	8	9
10	11	12	13	14	15	16
17	18	19	20	21	22	23
24	25	26	27	28	29	30
31						

SEPTEMBER

Mo	Di	Mi	Do	Fr	Sa	So
	1	2	3	4	5	6
7	8	9	10	11	12	13
14	15	16	17	18	19	20
21	22	23	24	25	26	27
28	29	30				

OKTOBER

Mo	Di	Mi	Do	Fr	Sa	So
			1	2	3	4
5	6	7	8	9	10	11
12	13	14	15	16	17	18
19	20	21	22	23	24	25
26	27	28	29	30	31	

NOVEMBER

Mo	Di	Mi	Do	Fr	Sa	So
						1
2	3	4	5	6	7	8
9	10	11	12	13	14	15
16	17	18	19	20	21	22
23	24	25	26	27	28	29
30						

DEZEMBER

Mo	Di	Mi	Do	Fr	Sa	So
	1	2	3	4	5	6
7	8	9	10	11	12	13
14	15	16	17	18	19	20
21	22	23	24	25	26	27
28	29	30	31			

2021

JANUAR

Mo	Di	Mi	Do	Fr	Sa	So
				1	2	3
4	5	6	7	8	9	10
11	12	13	14	15	16	17
18	19	20	21	22	23	24
25	26	27	28	29	30	31

FEBRUAR

Mo	Di	Mi	Do	Fr	Sa	So
1	2	3	4	5	6	7
8	9	10	11	12	13	14
15	16	17	18	19	20	21
22	23	24	25	26	27	28

MÄRZ

Mo	Di	Mi	Do	Fr	Sa	So
1	2	3	4	5	6	7
8	9	10	11	12	13	14
15	16	17	18	19	20	21
22	23	24	25	26	27	28
29	30	31				

APRIL

Mo	Di	Mi	Do	Fr	Sa	So
			1	2	3	4
5	6	7	8	9	10	11
12	13	14	15	16	17	18
19	20	21	22	23	24	25
26	27	28	29	30		

MAI

Mo	Di	Mi	Do	Fr	Sa	So
					1	2
3	4	5	6	7	8	9
10	11	12	13	14	15	16
17	18	19	20	21	22	23
24	25	26	27	28	29	30
31						

JUNI

Mo	Di	Mi	Do	Fr	Sa	So
	1	2	3	4	5	6
7	8	9	10	11	12	13
14	15	16	17	18	19	20
21	22	23	24	25	26	27
28	29	30				

JULI

Mo	Di	Mi	Do	Fr	Sa	So
			1	2	3	4
5	6	7	8	9	10	11
12	13	14	15	16	17	18
19	20	21	22	23	24	25
26	27	28	29	30	31	

AUGUST

Mo	Di	Mi	Do	Fr	Sa	So
						1
2	3	4	5	6	7	8
9	10	11	12	13	14	15
16	17	18	19	20	21	22
23	24	25	26	27	28	29
30	31					

SEPTEMBER

Mo	Di	Mi	Do	Fr	Sa	So
		1	2	3	4	5
6	7	8	9	10	11	12
13	14	15	16	17	18	19
20	21	22	23	24	25	26
27	28	29	30			

OKTOBER

Mo	Di	Mi	Do	Fr	Sa	So
				1	2	3
4	5	6	7	8	9	10
11	12	13	14	15	16	17
18	19	20	21	22	23	24
25	26	27	28	29	30	31

NOVEMBER

Mo	Di	Mi	Do	Fr	Sa	So
1	2	3	4	5	6	7
8	9	10	11	12	13	14
15	16	17	18	19	20	21
22	23	24	25	26	27	28
29	30					

DEZEMBER

Mo	Di	Mi	Do	Fr	Sa	So
		1	2	3	4	5
6	7	8	9	10	11	12
13	14	15	16	17	18	19
20	21	22	23	24	25	26
27	28	29	30	31		

13.18 Mustereinspruchsentscheidung

(Auszug – Darstellungkannabweichen):

Einspruchsentscheidung

A. Entscheidung

Über den Einspruch vom	07.06.2019
des	Max Mustermann, Musterstr. 1 in Musterhausen
vertreten durch	Stubi Steuerberater
gegen	Bescheid über Einkommensteuer und Solidaritätszuschlag vom 03.06.2019 für 2018

entscheidet das Finanzamt:

Der Einspruch ist zulässig, wird aber als unbegründet zurückgewiesen.

B.   Rechtsbehelfsbelehrung

Gegen diese Entscheidung kann Klage erhoben werden. Die Klage ist bei dem Finanzgericht XY, Adresse schriftlich oder als elektronisches Dokument einzureichen oder zu Protokoll des Urkundsbeamten der Geschäftsstelle beim Finanzgericht XY, Adresse zu erklären.

Die Klage ist gegen das Finanzamt XY zu richten. Die Frist für die Erhebung der Klage beträgt einen Monat. Sie beginnt mit Ablauf des Tages, an dem Ihnen diese Einspruchsentscheidung bekannt gegeben worden ist. Bei Zusendung durch einfachen Brief oder Zustellung mittels Einschreiben durch Übergabe gilt die Bekanntgabe mit dem dritten Tag nach Aufgabe zur Post als bewirkt, es sei denn, dass diese Einspruchsentscheidung zu einem späteren Zeitpunkt zugegangen ist. Bei Zustellung durch Zustellungsurkunde oder durch Einschreiben mit Rückschein oder gegen Empfangsbekenntnis ist Tag der Bekanntgabe der Tag der Zustellung. Die Frist für die Erhebung der Klage gilt als gewahrt, wenn die Klage bei dem Finanzamt XY innerhalb der Frist angebracht oder zur Niederschrift gegeben wird.

Die Klage muss den Kläger, den Beklagten, den Gegenstand des Klagebegehrens, den angefochtenen Verwaltungsakt und die Einspruchsentscheidung bezeichnen. Sie soll einen bestimmten Antrag enthalten und die zur Begründung dienenden Tatsachen und Beweismittel angeben. Die Klageschrift soll in zweifacher Ausfertigung eingereicht werden; dies gilt nicht, wenn die Klage als elektronisches Dokument eingereicht wurde. Ihr sollen die Urschrift oder eine Abschrift des angefochtenen Verwaltungsakts und der Einspruchsentscheidung beigefügt werden.

C.   Gründe

Der Einspruchsführer hat mit Schreiben .....gegen den Einkommensteuerbescheid 2018 Einspruch eingelegt. Der Einspruch wurde ......

13.19 Muster Rechtsbehelfsbelehrung

.....

Rechtsbehelfsbelehrung

Die Festsetzung der Einkommensteuer und des Solidaritätszuschlags kann mit dem Einspruch angefochten werden.

Der Einspruch ist bei dem vorbezeichneten Finanzamt oder bei der angegebenen Außenstelle schriftlich einzureichen, diesem/dieser elektronisch zu übermitteln   oder dort zur Niederschrift zu erklären.

Ein Einspruch ist jedoch ausgeschlossen, soweit dieser Bescheid einen Verwaltungsakt ändert oder ersetzt, gegen den ein zulässiger Einspruch oder (nach einem zulässigen Einspruch) eine zulässige Klage, Revision oder Nichtzulassungsbeschwerde anhängig ist. In diesem Fall wird der neue Verwaltungsakt Gegenstand des Rechtsbehelfsverfahrens. Dies gilt auch, soweit sich ein angefochtener Vorauszahlungsbescheid durch die Jahressteuerfestsetzung erledigt.

Die Frist für die Einlegung eines Einspruchs beträgt einen Monat. Sie beginnt mit Ablauf des Tages, an dem Ihnen dieser Bescheid bekannt gegeben worden ist. Bei Zusendung durch einfachen Brief oder Zustellung durch eingeschriebenen Brief gilt die Bekanntgabe mit dem dritten Tag nach Aufgabe zur Post als bewirkt, es sei denn, dass der Bescheid zu einem späteren Zeitpunkt zugegangen ist.

Auch wenn Sie einen Einspruch einlegen, müssen Sie die angeforderten Beträge fristgemäß zahlen, es sei denn, dass die Vollziehung des Bescheids ausgesetzt oder Stundung gewährt worden ist.

Hinweis: Entscheidungen in einem Grundlagenbescheid (z.B. Feststellungsbescheid) können nur durch Anfechtung des Grundlagenbescheids, nicht auch durch Anfechtung eines davon abhängigen weiteren Bescheids (Folgebescheid) angegriffen werden. Wird ein Grundlagenbescheid berichtigt, geändert oder aufgehoben (z.B. aufgrund eines eingelegten Einspruchs), so werden die davon abhängigen Bescheide von Amts wegen geändert oder aufgehoben.

......

Zahlung und Folgen verspäteter Zahlung

....

Allgemeines: Bitte bewahren Sie diesen Bescheid auf. Er dient auch als Einkommensnachweis zur Vorlage bei anderen Behörden.

Ministerium für Finanzen und Wirtschaft
Baden-Württemberg
S 0338/53
Bayerisches Staatsministerium der Finanzen
37 – S 0338 – 023 – 7971/13
Senatsverwaltung für Finanzen Berlin
III E – S 0625 – 1/2013
Ministerium der Finanzen des Landes Brandenburg
33 – S 0625 – 2013 # 001

...

Stichwortverzeichnis

© Springer Fachmedien Wiesbaden GmbH, ein Teil von Springer Nature 2019   161
S. Meier und U. Rakowski, *Der Einspruch im Steuerrecht*,
https://doi.org/10.1007/978-3-658-27022-3

The manufacturer's authorised representative in the EU is Springer
Nature Customer Service Centre GmbH, Europaplatz 3, 69115 Heidelberg,
Germany. If you have any concerns regarding our products, please
contact ProductSafety@springernature.com

Printed and bound by CPI Group (UK) Ltd, Croydon, CR0 4YY
23/04/2026
02095641-0012